U0466200

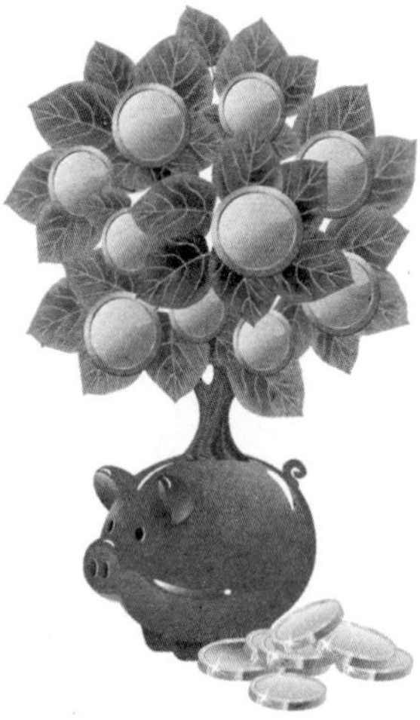

我们的生活为何艰难
普通人的经济学

（美）莫什·阿德勒◎著
陈小白◎译

华夏出版社
HUAXIA PUBLISHING HOUSE

图书在版编目(CIP)数据

我们的生活为何艰难:普通人的经济学/(美)阿德勒著;陈小白译.—北京:华夏出版社,2013.1

书原名文:Economics for the Rest of us

ISBN 978-7-5080-7219-7

Ⅰ.①我… Ⅱ.①阿… ②陈… Ⅲ.①经济学-通俗读物 Ⅳ.①F0-49

中国版本图书馆 CIP 数据核字(2012)第 240443 号

Economics for the Rest of Us by Moshe Adler
ⓒ 2010 by Moshe Adler
Simplified Chinese Translation copyright ⓒ 2013 by Huaxia Publishing House
Original English Language edition 2010 by The New Press
This translation is published by arrangement with The New Press through Rightol Media in Chengdu. 本书中文简体版权经由锐拓传媒(copyright@rightol.com)由 The New Press 授予华夏出版社,版权为华夏出版社所有。未经出版者书面允许,不得以任何方式复制或抄袭本书内容。
All rights reserved.
本书中文简体版权版权所有 翻印必究
北京市版权局著作权合同登记号:图字 01-2012-5372

我们的生活为何艰难——普通人的经济学

作　　者	(美)莫舍·阿德勒 著　　陈小白 译
责任编辑	陈小兰

出版发行	华夏出版社
经　　销	新华书店
印　　刷	三河市李旗庄少明印装厂
装　　订	三河市李旗庄少明印装厂
版　　次	2013 年 1 月北京第 1 版　　2013 年 1 月北京第 1 次印刷
开　　本	720×1030　1/16 开
印　　张	15
字　　数	153 千字
插　　页	2
定　　价	36.00 元

华夏出版社　地址:北京市东直门外香河园北里 4 号　邮编:100028
　　　　　　网址:www.hxph.com.cn　电话:(010)64663331(转)
若发现本版图书有印装质量问题,请与我社营销中心联系调换。

"经济学家们总在经济理论和规律上争论不休，老百姓却在忍饥挨饿。我们一定要认清这样一个事实，那就是：经济规律不是自然产生的，而是我们人制定出来的。"

——美国总统富兰克林·罗斯福

目　录

前言　/ 001

第一部分　经济效率与政府角色

第 1 章　收入平等：最早期的效率标准　/ 003

第 2 章　平等不重要：帕累托效率和自由市场　/ 013

第 3 章　帕累托效率警察　/ 039

第 4 章　为什么对产品再分配最终可能是帕累托有效的　/ 053

第 5 章　联邦所得税简史　/ 061

第 6 章　收入平等：最早期的效率标准　/ 065

第 7 章　私人提供的产品　/ 079

第 8 章　政府提供的产品　/ 103

第二部分　工资理论

简介：古典工资理论和新古典工资理论　/ 127

第 9 章　古典工资理论　/ 131

第 10 章　新古典工资理论：约翰·克拉克　/ 147

第 11 章　证据　/ 159

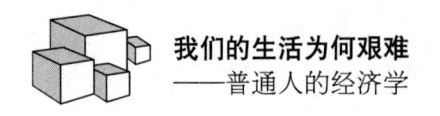

第 12 章　最低工资标准　/ 169

第 13 章　工资理论与大萧条　/ 175

第 14 章　"粘性工资"　/ 189

第 15 章　"效率工资"或为什么失业是工人逃避责任的过错　/ 199

第 16 章　高管薪酬　/ 209

后记　/ 219

致谢　/ 223

译后记　/ 225

前　言

讲授经济学导论的教授喜欢告诉自己的学生，人们一直在寻找只有一只手的经济学家，因为只有一只手，他们就不能说"另一方面……"[①]这次衰退是否即将结束？经济学家总是喋喋不休地胡扯些这样或那样不着边际的问题；这样的预测当然会使他们陷入麻烦之中。但是，每当他们必须在富人和穷人之间，在有权有势者和无权无势者之间，或者在工人和公司之间选择站在哪一边的时候，经济学家们却往往众口一词：根据传统经济理论，对富人和有权有势者有益的，就是对"经济"有益的。

为什么经济理论会这么一边倒呢？难道是因为任何一个毕生都致力于研究经济如何运作的人，都会不可避免地得出结论：对老板有益的，就对每一个人都有益吗？非也。对于每一个重大的经济问题，都存在着彼此相互竞争的、能够得出不同结论的各种概念和理论。问题在于，当这些理论在教科书中全无踪迹的时候，它们几乎

[①] 在英文中，"另一方面 on the other hand"的字面意思是"在另一只手上"，这里是双关语，源自哈里·杜鲁门总统的名句"天哪，能不能给我一个只有一只手的经济学家啊！"讽刺经济学家总是话说两面，而不说确定的结论，从而不会授人以柄。——译注（本书的脚注均为译注，章后注为原书注释，不再赘述）

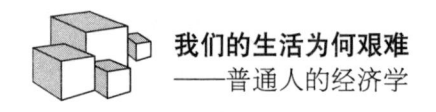

总是立刻被人们摒弃掉。若只是经济系学生受害于此,后果倒无关紧要,但不幸的是,大多数人只熟悉教科书经济学,而且,那些能够影响政府政策的经济学家,总的来说是些教科书式的经济学家(诺贝尔奖获得者约瑟夫·斯蒂格利茨[①]是一个例外,他曾在世界银行担任高级副总裁兼首席经济学家,惜乎只在1997~2000年任职了3年)。

《普通人经济学》考察了经济学的两大基石:第一部分涵盖了经济效率;第二部分探讨了工资是如何确定的。本书第一部分就探讨经济学家们所使用的经济效率定义,是因为所有的经济学都是围绕着它展开的。当经济学家宣称"自由市场是有效的",而无视自由市场的资源配置多么扭曲——或者产生了多大损失,当他们反对政府干预以减少不平等、减轻痛苦的时候,这就是他们所赖以依靠的效率定义。若这是经济效率唯一有效的定义,那么,经济学家使用这个定义也许是正当的。但事实上,经济学家并非别无选择。经济效率的一个早期定义是很关注收入分配的,这个早期定义提出,为了提高效率,政府应该重新分配资源,使之从富人流向穷人。而经济学家所采用的那个定义,实则是有人蓄意采取了行动,使那个早期

[①] 约瑟夫·斯蒂格利茨,1979年获约翰·贝茨·克拉克奖。自1993年开始成为克林顿总统经济顾问委员会的主要成员。1997年起任世界银行副总裁、首席经济学家。2001荣获诺贝尔经济学奖。为经济学的一个重要分支——信息经济学的创立作出了重大贡献,其所倡导的一些前沿理论,如逆向选择和道德风险,已成为经济学家和政策制定者的标准工具,是公共部门经济学领域最著名的专家。

前言

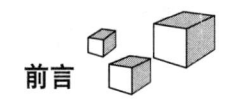

定义失去权威性而得以发展起来的。然而，我们应该看到，那个重分配版本的效率定义，能否就此而被轻而易举地打倒在地，永世不得翻身，却不是那么一目了然。

虽然经济学家设法使自己相信，收入再分配不可能是不合理的，但其余的世人却别有看法。几乎所有的政府都要求富人缴纳较高的税收，而在穷人这方面，他们常常要求其所得到的政府服务应当与富人所得到的具有相同的质量，尤其是涉及教育的时候。这就迫使这些经济学家加入到各种实证性辩论中；而且在这些辩论中，他们并非铁板一块，发出同一个声音。正如第一部分显示的，一些经济学家认为，富人缴纳的税率很高，致使经济没有效率，因为这会使人不想勤劳致富；另一些经济学家则开展了实证研究，研究结果表明，富人的税率实际上并没有那么大的影响。类似的，一些经济学家认为，增加对普通学校的资金资助并不会造成不同，因为政府只会把钱浪费掉；而另一些经济学家则指出情况并非如此。

尽管经济学家们在这些重要问题上意见不一，但是高税率导致低效率的观念，却在过去的30年间一直主导着美国的税收政策。我们将会看到，使这个似乎不合情理的主张显得合乎情理的，是经济学家们用以分析劳动力市场的基本模型。该模型假定工人可以自由选择工作时数，工作时间越少，则所得越少。模型还假定工人不喜欢工作，好吃懒做是他们的天性。此模型针对的是一个由互不相属的个体组成的经济，他们既不依附于其他个人，从属于生产过程中的资本，也不受制于任何社会规范。在这样一个模型中，任何结果

都无法排除，任何结果都同等可信。

收入分配经常被认为是在商品生产和出售之后的一个阶段。但是，决定首先生产什么、生产多少的，却是收入分配，而且收入分配不平等常常导致经济蛋糕变小。艾滋病药物的生产和销售就是这方面的一个例子。发展中国家的穷人买不起这类药物，不是由于他们穷得叮当响，而是因为他们比发达国家的人更穷。制药公司对艾滋病药物进行了选择性定价，使药物价格超出第三世界的人们的承受能力，因为以只有发达国家的人才买得起的高价出售此类药物，而不是以低廉的价格向全世界销售，利润来得更丰厚。但是正如本书第一部分显示的，不平等伤害的不只是第三世界的穷人，还包括发达国家的中等收入人群。吊诡的是，我们将会看到，用经济学家们的这个经济效率定义，我们还可能得出这样的结论："经济"在增长的同时，经济中大多数人的所得反而减少了。

本书第二部分涵盖了工资理论和高管报酬理论，或者说不平等从一开始是如何制造出来的。为什么一个人一个小时的所得顶得上另一个人一星期、一个月乃至一年的所得？经济学家所采用的"新古典"理论简单得不能再简单了：一个人之所以得到那么多，是因为对其雇主来说他就值那么多。若他每小时赚 7.25 美元——全国当前的最低工资，那么他对雇主的贡献就是每小时 7.25 美元。当然，若雇主支付他每小时数千美元，则他对雇主的贡献也是那么大。

但这并不是现存的唯一的工资与报酬理论。新古典理论的发明是用来取代"古典"理论的。古典理论认为，工资率的多少，不是

前言

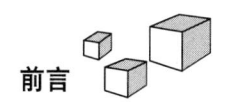

由对生产的贡献——我们将会谈到，这是一个没有意义的概念——而是由不同群体讨价还价的能力所决定的。本书第二部分将显示，实证数据支持经典理论，而跟新古典理论相左。

如果工资率由议价能力决定，那么何者决定议价能力呢？就工人这方面来说，法律和政府政策起着决定性的作用。工会权利、最低工资法、失业保险、社会保障、福利以及各项移民权利的执行，这一切合在一起决定着工人对低工资说"不"的能力，而所有这些自20世纪80年代以来全都遭到了侵蚀。第二部分将阐明这种侵蚀对工人福利的影响。

与工人不同，高管们跟雇主讨价还价时常常占据上风。对于产生这种情况的原因，经济学家们有一个极好的尽管是很简单的解释。高管的雇主是他们公司的股东，而如果每家公司都由大量分散的股东拥有，那就根本没人在意公司经营了。我们将会看到，这一理论不过是经典工资理论的一个应用，它依据议价能力来解释工资率。

本书是为受过教育且对经济学感兴趣的读者而写的，但读者不必有经济学背景。本书不使用数学运算，尽管确实使用了一些基础算术知识，目的是使读者能够透彻理解经济学的一些关键概念和理论，其中既包括主流经济学，也包括某些不太为人所知的经济学，后者对于经济行为的解释常常比主流理论更好，而且并不总是提倡对富人有益的政策。不管是主流经济学，还是那些不太为人所知的经济学，其经济思想的历程，连同产生这些思想的历史背景，本书都将予以追溯。

第一部分

经济效率与政府角色

幸福蛋糕

经济学家谈论经济时喜欢称作经济蛋糕。蛋糕是一种思考经济所能创造的福利——或者用早期社会科学家的语言是幸福——的好方式。这样看来,当社会资源平等分配时,幸福蛋糕是最大的;不平等会使蛋糕更小。

第1章

收入平等：最早期的效率标准

对经济效率定义的探索始于民主的出现。伴随着民主，人类有史以来第一次出现了明确提出政府应该为谁服务的需要。帝王们就从不受这个问题打扰。"朕即国家！"路易十四在18世纪初宣称。[①] 但是，当一部分人富有而另一部分人贫穷的时候，"民有的"和"民享的"政府应该为谁服务呢？

1793年，法国"人民"处决了路易十六，接着在一项公投中，通过了一部以社会救助和公共教育的形式来保证收入再分配的宪法（"人民"一词是打引号的，因为并不是全体法国人都希望国王

---

① 路易十四（1638—1715），法国国王，自号太阳王，世界上在位时间最长的君主之一。他在法国建立了一个君主专制的中央集权王国。"朕即国家"通常被认为是路易十四的名言，尽管历史学家认为这种说法不准确。据报道，和此话原意相反，路易十四在临终时说的是"朕走了，但国将永存"。

第一部分
经济效率与政府角色

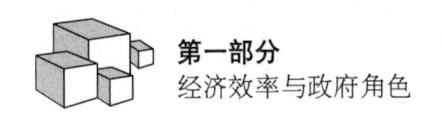

被处死,也不是所有人都投票赞成该宪法)。但是应该怎样重新分配收入呢?1793年宪法并没有提及,而且本应决定收入再分配的政治程序尚未开始就胎死腹中了。一群公民——"平等派密谋指导委员会"——要求实施该宪法,但是,当他们的领导人弗朗索瓦·诺尔·巴贝夫①被送上断头台的时候,这群人就作鸟兽散了。不过,这个问题由巴贝夫同时代的人、富有的英国哲学家杰里米·边沁(1748—1832)在理论上作了处理。

边沁把自己的再分配有效度理论建立在三大基石上:(1)由每个成员的幸福度总和组成的社会福祉;(2)有效的资源配置就是能够使社会福祉最大化的资源配置;(3)随着所拥有的金钱数量的增加,每个人从每增加一美元(英镑)中所获得的幸福度会减少。在经济学语言中,"幸福"一词很早之前就被"效用"一词取代了,因此,边沁的理论被称为功利主义。

效用U是由极小的计量单位组成的,被称为"效用单位utils"。效用单位来源于货币。每增加一美元能够购买额外个效用单位,而每增加一美元所能购买的效用量,就被称为"货币的边际效用"。效用U与个人收入I的关系如图1.1所示。在图中,货币的边际效用用$\triangle U$表示。更多的收入能够产生更多的效用,但它们之间的关

---

① 弗朗索瓦·诺尔·巴贝夫,法国大革命时期的革命家,空想共产主义者。1796年3月同他的战友达尔泰、纳罗蒂、马邦雷夏尔、勒佩尔蒂埃等组成平等派密谋指导委员会,开展秘密活动,策划发动武装起义,但起义前夕因秘密泄露,巴贝夫等主要领导人全部被捕。1797年5月27日,巴贝夫、达尔泰被处死,其他7名首领被流放。

第1章 收入平等：最早期的效率标准

系并不是线性的：收入每增加一美元总能带来额外的效用，但这额外的效用会随个人收入的增加而变小。换句话说，货币的边际效用 △U 会随个人所拥有的金钱数量而减少。

在效用函数曲线上，富人的位置高于穷人。因此，如图 1.1 所示，如果把一美元从某个富人那里转移给某个穷人，则富人损失的效用将小于穷人所增加的效用。所以，富人那里转移一美元给穷人，将增加这两个个人的效用之和。那么，这一再分配过程应该在何处止步呢？答案是当每个人所拥有的金钱数都相同的时候，因为这将最大限度地提高他们的效用之和。当幸福蛋糕完全平等地分配的时候，幸福蛋糕是最大的，因而达到了效用效率。

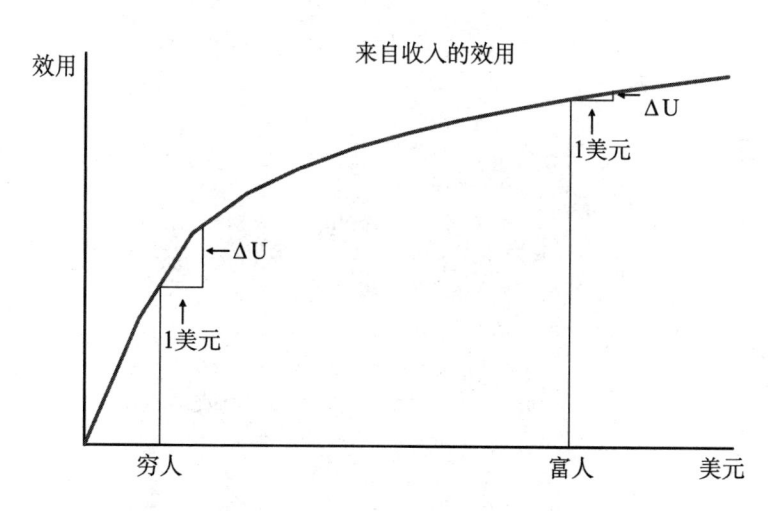

图1.1 效用函数

定义 效用有效的政策。一项政策，如果它能够最大限度地提高社会的效用总和，该政策就是效用有效的。

第一部分
经济效率与政府角色

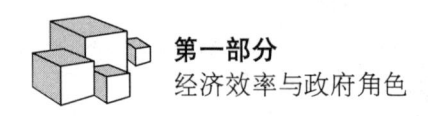

边沁是一位大力鼓吹平等的人。当时,进入剑桥大学和牛津大学就读的,必须是信奉英国国教的学生。当伦敦大学学院1826年创立时,它向所有国民开放。边沁被认为是伦敦大学学院的精神之父,而且其遗体经过防腐处理后,迄至今日一直作为一尊仪容陈列在那里,供人瞻仰(其头部现在是一尊蜡像,因为爱搞恶作剧的人将真正的头颅偷走了好几次)。

"社会越趋近于平等,大众的幸福度越大。"
图片来源:迈克尔·里夫

图1.2 杰里米·边沁(1748—1832)

但是，功利主义作为经济效率的一个衡量标准，并没有活过它获得发展的那个世纪。它整个儿被效率的另一个定义完全成功地取代了，那是一位名叫维尔弗雷多·帕累托（1848-1923）的意大利经济学家提出的。即使功利主义在经济学教科书中仍有所提及，但也只不过是作为通往真理——帕累托效率——之路上的一件古玩而被定论性地抛弃了。那么，帕累托是怎样及为什么抛弃功利主义的呢？

教皇和帕累托不喜欢它

我们先从为什么开始。19世纪末，欧洲的不平等悬殊，以至于一场社会主义革命可能一触即发。愈演愈烈的经济不平等使教皇十三世感触良多，1891年他再也坐不住了，发布了一道通谕，名为"新通谕"，专门论及"工人阶级的处境"。他在通谕中写道：

> 每一种产品生产和交易的整个过程，几乎已完全置于少数人的权势之下，因此，极少数富人和巨富大贾已经在不计其数、一无所有的工人头上套上了一副堪称奴隶制的枷锁。[1]

这看起来是在为呼吁把"整个生产过程"推倒重来打下地基。然而事实上，教皇强烈反对将国家权力整个儿推倒重来。富人不应负有帮助穷人的任何义务，教皇声称："这些事（帮助穷人）都是非

第一部分
经济效率与政府角色

法定的义务——除非处在极端必要的情况下,而是基督教慈善组织的责任,因而显然不能通过法律行动强制执行。"在 1906 年出版的《政治经济学教程》一书中,帕累托详细阐述了为什么帮助穷人不可能是法律上强制性的,警告政府不要实施哪怕是温和的再分配,否则可能因连锁反应而造成灾难性的后果:

> 那些主张税负平等以帮助穷人的人并没有猜想到,将会有一种由富人支付费用的累进税,及这样的一项制度,即税负是由不缴纳此类税负的人投票表决的,因此,有时候人们会听到如下被厚颜无耻地作出的推理:"某某税只落在富有的人身上,而且它将被用于仅对不那么幸运的人有益的支出上,因此,该税肯定会被大多数投票者赞成通过。"[2]

但为什么帕累托反对再分配呢?因为根据他的观点,边沁不一定是正确的。如图 1.1 所示,边沁假定富人和穷人之间唯一的差别在于他们各自拥有多少钱:若拥有的钱相同,他们将完全具有相同的效用。正是富人和穷人之间的这个相似点,才导致边沁推断,把一美元从富人转移到穷人,对富人造成的损失将小于其给穷人带来的帮助。但根据帕累托的看法,富人和穷人可能从根本上就是不同的。在这种情况下,把一美元从富人那里转移给穷人,对富人造成的损失实际上可能大于其给穷人带来的帮助。他使用了一个极端的假想性例子来证明这种可能性。如果富人实际上得益于穷人的贫穷,那将会怎样?他问道。如此一来,通过再分配减小贫穷而对富人造成

第1章
收入平等：最早期的效率标准

的伤害有可能大于其给穷人带来的帮助，帕累托辩称，"假定有一个只有一条狼和一只羊的集体，"帕累托解释道，"狼的幸福在于吃掉羊，羊的幸福在于不被狼吃掉。那么，该如何使这个集体幸福呢？"[3]

经济学家在解释帕累托反对功利主义的理由时通常并不引用这段话，相反，他们问道，假使富人和穷人的效用函数与图1.1所示的并不相同，反而很意外地，富人从一定量的金钱中所得到的效用恰巧大于穷人，那将会怎样？图1.3用图形方式阐述了这个论点。图中显示，在这种情况下把一美元从富人那里转移给穷人，对富人造成的伤害可能大于其给穷人带来的帮助。请注意，与穷人一样，富人从其第一个美元中所得到的效用亦大于从其最后一个美元中所得到的效用。但是，富人从其最后一个美元中所得到的效用有可能超过穷人从其第一个美元中所得到的效用。

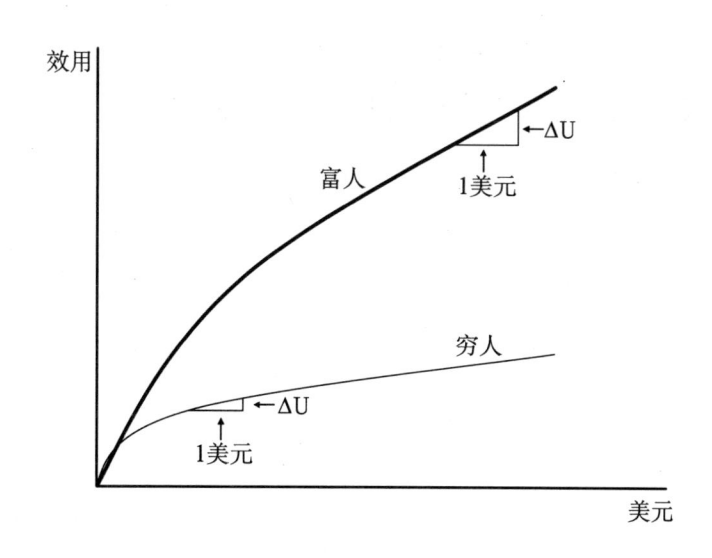

图1.3　富人和穷人的效用函数

第一部分
经济效率与政府角色

如果突然之间富人和穷人掉了个个儿，富人变穷，穷人变富了，那将会发生什么呢？在这种情况下，图 1.3 中的曲线将保持不变，但上面的标签变了：下面的曲线将变成富人的效用函数，上面的曲线变成穷人的效用函数。在这种情况下，把钱从富人那里转移给穷人将会增加总的效用，再分配就会是合乎情理的。

经济学家并未断言图 1.3 中所描述的情形在现实中存在，只是认为它可能存在。由于效用不是可度量的，所以这种可能性就不能完全排除在外。而倘若果真如此，则边沁的论点就不成立，再分配理论因而就不能被证明是合理的。边沁承认有这种可能性。"个性差异是不可测知的，"他说。[4] 但是，他认为，富人和穷人之间不可能存在如此巨大的个性差异，因此，如果政府在富人和穷人是差不多的假定下运作，而不是在富人和穷人是天差地别的假定下运作，政府就会犯较少的错误。经济学家阿巴·勒纳（1903–1982）①指出，边沁不过是在运用第一统计学原理：当看起来相同的东西人们并不知道它们有何实质不同的时候，我们最好假定它们是相同的。[5] 这也是为什么我们令一枚骰子每一面出现的概率为 1/6。

与边沁和勒纳不同，帕累托并不关心再分配有多大可能对富人造成的伤害超过其给穷人带来的帮助这个问题。对他来说，这种理论上的可能性，不论多么微乎其微，都是足以驳倒平等作为经济效

---

① 阿巴·勒纳，经济学家中的佼佼者，1934 年提出了计算垄断势力的方法，这种方法后来被称为"勒纳的垄断势力度"。1944 年在琼·罗宾逊的理论基础上进一步提出了后来被后者所称的"马歇尔－勒纳条件"。

第1章
收入平等：最早期的效率标准

"假定有一个只有一条狼和一只羊的集体……那么，该如何使这个集体幸福呢？"

图1.4　维弗雷多·帕累托（1848—1923）

率标尺的杠杆的。而且，仅仅基于这个理论上的可能性，整个经济学界就把资源配置排除在他们的经济效率定义之外，而代之以帕累托特有的定义。

注　释

1. 教皇十三世，"新通谕：对资本和劳动力的通谕"，1891 年，梵蒂冈，第六段，http : //www.vatican.va/holy_father/leo_xiii/encyclicals/documents/hf_l-xiii_enc_15051891_rerum-novarum_en.html（2009 年 5 月 29 日查阅）。
2. 维尔弗雷多·帕累托，《政治经济学手册》，安·S·施维尔翻译，安·S·施

第一部分
经济效率与政府角色

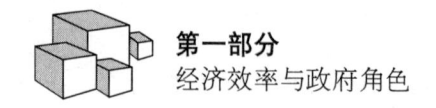

维尔和阿尔弗雷德·N·佩奇编辑（纽约，凯利出版社，1971），页 93。

3. 同上，页 48。

4. 杰里米·边沁，《民法典原则》，第 1 部分（牛津大学出版社，1789 年），第六章，http：//www.laits.utexas.edu/poltheory/bentham/pcc/pcc.pa01.c06.html（2009 年 5 月 29 日查阅）。

5. 阿巴·P·勒纳，《控制的经济学：福利经济学原理》（纽约：麦克米伦出版社，1944），载于冈卡罗·L·丰塞卡，"帕累托系统"，"经济思想史"网站，http：//cepa.newschool.edu/het/essays/paretian/paretosocial.htm（2009 年 5 月 29 日查阅）。

第2章
平等不重要：帕累托效率和自由市场

与边沁一样，帕累托也把效率等同于使社会资源产生的福利最大化。但是，关于这将要求把社会资源从富人重新分配给穷人的可能性，边沁允许其存在，而帕累托从一开始就把这种可能性排除在外了。根据他的观点，一种资源配置，不论以何种方式改变之，只要在不使其他任何人的状况变差的情况下能使至少一个人的状况变得更好，就是（帕累托）有效的。这个定义不关心社会资源的分配。

但是首先，我们有必要解释一下该定义真正的含义是什么。下面几页篇幅是本书中最有技术性的，希望读者能够耐着性子看一看。帕累托效率概念是一切现代经济学至关重要的基石，稍微花几分钟时间掌握这些有点晦涩难懂的材料是大有裨益的。图表对于我们理解下面要讨论的概念很有帮助，但并不是必要的。相较而言，本书其余部分就远不具有这么技术性了。

第一部分
经济效率与政府角色

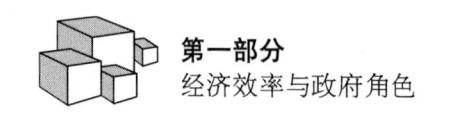

供给与需求

经济学家对自由市场的行为的解释,一方面是从可供消费的商品的量开始的,另一方面则从不同消费者对此商品赋予的价值入手。换言之,他们的解释是从供给与需求出发的。[1]

假设一座城市中有 A 到 G 等 7 户家庭需要租房,但只有 6 套房子供出租。所有这些房子就满意度而言都是一样的,但每套房子是由不同的房主拥有的。上述 7 户家庭每家的收入水平都不相同,因而每家愿意为房子支付的最高租金也有所不同。一个家庭愿意为房子支付的最高租金称为该家庭的心理价位。各户的心理价位显示在图 2.1 中。我们将看到,它们构成了某一商品的需求。

有两个因素决定着一户家庭对某套房子的心理价位:家庭收入以及出租房屋的情况,如房屋质量、位置和租金。比如,在我们的例子中,若家庭 G 在这城市的 6 套房子中一套都没租着,这样,它就不得不以 1 200 美元/月的租金,被迫租住在城市外面的一套房子里。这是因为家庭 G 对本市房屋的心理价位为 1 500 美元/月。这意味着如果一套市内房屋的租金实际上为每月 1 500 美元,那么住在市内房子里,还是住在市外那套 1 200 美元/月的房子里,家庭 G 是无所谓的。

第2章
平等不重要：帕累托效率和自由市场

表2.1　　　　　　　　　　心理价位　　　　　　　　（单位：美元）

家庭	A	B	C	D	E	F	G
心理价位	6 000	5 250	4 500	3 750	3 000	2 250	1 500

哪些家庭将租到这6套房子，以及房子的租金将是多少呢？如果每套房子均由不同的房主拥有，且房主和租户均不串通。此外，如果每个家庭为其房屋所支付的情况都是公开信息，那么，市场就是"竞争性市场"。[2] 关于竞争性市场，首先要注意到的事情是，市场能够驱使所有这些房子的租金都相同。比如，假设家庭A支付2 000美元／月，而家庭B仅支付1500美元／月，而这些情况为大家所共知。在这种情况下，家庭B的房主就会向家庭A提出一个租金报价，它低于家庭A的租金但高于家庭B的租金，以此来诱使家庭A承租她的房子。1 750美元／月的租金对双方来说都是可接受的。另一种情况是，家庭A可能主动出击，向家庭B的房主提出一个租金价格，它高于家庭B为承租的房子所支付的租金，来促成同样的交易。同样，1 750美元／月的租金能够使双方（家庭A及房主）都受益。这种房主间（相互"抢夺"租户）及租户间（彼此"争夺"房屋）的竞争将一直持续下去，直到房屋的租金彼此持平才会罢休。没有哪个租户愿意支付较其他租户更多的租金，也没有哪个房主愿意接受较其他房主更少的租金，结果，我们就得到了"一价定律"：

在竞争性市场上，相同的商品具有相同的价格。

那么，这单一的租金将会是多少呢？

第一部分
经济效率与政府角色

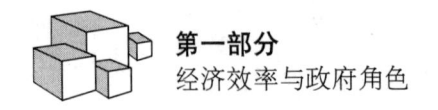

最低租金必然至少是 1 500.01 美元／月，因为如果租金低于此，比如 1 499 美元／月，则 7 户家庭都想要承租房子，尽管只有 6 套房屋可供出租。在这种情况下，"没有房子的"家庭就会向其中一套房子的房主报出高于每月 1 499 美元的租价（比如 1 499.50 美元），房主将会接受该报价，既有的租户将被逐出所住的房子。消费者之间争夺房屋的竞争将一直持续下去，直至租价抬高到把那户最穷的家庭完全逐出竞争之列。这意味着租金至少是 1 500.01 美元。

相同的逻辑亦可清楚地表明，市场租金不可能高于 2 250 美元／月，因为如果是这样的话，其中的一个房主将一个租户都没有，因此他会通过降低房屋租金来争夺租户。仅当每个房主都有租户时房主之间的竞争才会停止，这意味着租金必然处在低于家庭 F 的心理价位的水平上。因此，市场租金将位于 1 500.01 美元和 2 250 美元之间。

心理价位可用于绘制"需求曲线"，需求曲线表明每个价位上多少套房子有人求租（图 2.1）。例如，需求曲线表明，当租金位于 2 250.01 美元／月和 3 000 美元／月之间时，5 套房子有人求租（需求曲线是连续的，就好像非整套的房子也可能出租似的。这样做不过是为了方便起见，根本不会使分析有所改变）。在我们的例子中，供给曲线甚至更简单，因为它仅仅是一条垂直的直线，代表房主想要出租的 6 套房子。供给曲线和需求曲线的交点给出"均衡"价格，即"使"市场"出清"的价格范围。

定义 **市场出清价格**。如果在某一价格下所提供的全部房子都有租户,且所有愿意以该价格承租的租户都有房子住,则该价格就是"使"市场"出清"的价格,或"均衡价格"。

家庭 G 租不到房子,尽管如此,市场却处于均衡状态,因为在均衡价格下,该户家庭"不想租"(租不起)房子。

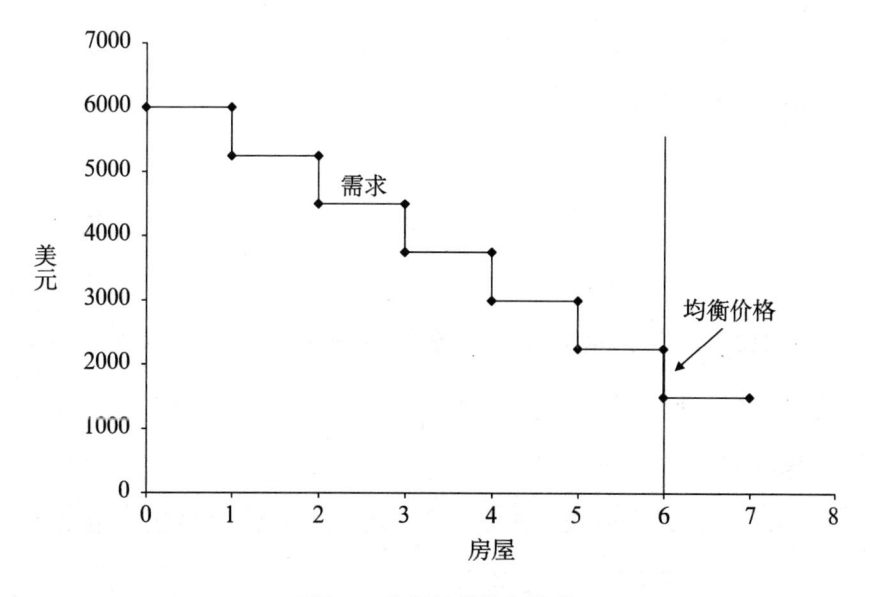

图2.1 房屋的供给和需求

消费者剩余和帕累托效率

只有当人们对房屋的心理价位高于市场价格时,一个家庭才能租到房子(当市场处于非均衡状态时,市场价格仍是均衡价格)。房

第一部分 经济效率与政府角色

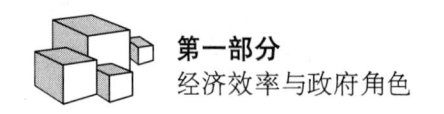

屋在该家庭眼中的价值与该家庭必须支付的租金之间的差额，是该家庭从房屋中所得净收益的度量。这个收益被称为"消费者剩余"。例如，当市场租金为 1 750 美元/月时，家庭 C 从房屋中获得 2 750 美元的消费者剩余，因为其心理价位为 4 500 美元（假设一块比萨饼的价格为 2.50 美元，如果你的心理价位为每块 3.00 美元，则你的消费者剩余为 50 美分。假如你的心理价位刚好是 2.50 美元，那么买不买比萨饼，对你来说就无所谓了；不论你怎么做，你的消费者剩余都是零。最后，假如你的心理价位低于 2.50 美元，那你就不会买这块比萨饼。换句话说，你购买比萨饼，仅当这使你觉得要么确实赚了便宜，要么较之不买没吃亏）。我们会看到，自由市场所产生的房屋在家庭间的分配，能够使经济中的消费者剩余之和最大化，这就是这种分配为什么是帕累托有效的；相反，租金控制所产生的房屋在家庭间的分配，可能导致较小的消费者剩余之和，这也是为什么租金控制是帕累托无效的。帕累托没有采用效用单位，而是用"消费者剩余"来度量效率。

租金控制：案例研究

租金控制是政府用以帮助中产阶级和贫困家庭的一种形式，要不然的话，他们将由于市场租金过高而被逐出市场。比如，现在的纽约市就是这种情况。纽约采取了某种租金控制形式，而且几乎没

第2章
平等不重要：帕累托效率和自由市场

人怀疑，若没有这种控制，成千上万户家庭将租不起房子。然而对于现代经济学家来说，租金控制是那种帕累托无效的政策的一个典型例子。事实上，在市面上流行的当代经济学教科书中，哈尔·范里安所著《中级微观经济学》一书的第一章，就使用租金控制来阐述帕累托无效率。我们将会看到，租金控制是帕累托无效的，因为它使得中产阶级家庭住在他们原本租不起的房子里，还因为它因而不能使消费者剩余之和最大化。

我们继续讨论我们那个住房市场的例子。现在，我们假定政府采取了一个租金控制政策，对所有房屋都施加了一个租金上限：每月500美元；再假设这样一来，家庭G租到了一套房子，而家庭A却没租到。这种情况是帕累托有效的吗？答案取决于是否有潜在的可能把家庭G租的房子重新分配给家庭A租住，以及在不使其他家庭受损的情况下使至少一户家庭受益。答案是，是有这种潜在可能的。

我们来看看是如何做的。假定把租金控制型房屋以任何价格转租出去是合法的。家庭A可以向家庭G提供一笔高于其所住房子每月1500美元租金的钱，这笔钱能够完全补偿家庭G因放弃所租房子（并搬到郊区去住）而带来的损失，但仍低于家庭A自己6 000美元／月的心理价位，因而双方都从中获益了。比如说，转租租金为4 000美元／月。于是，家庭G从其房屋（它不再住这儿了）所得到的消费者剩余为3 500美元／月（因为房主从中获得了500美元／月），家庭A从房屋（它现在住在里面）所得到的消费者剩余为

第一部分
经济效率与政府角色

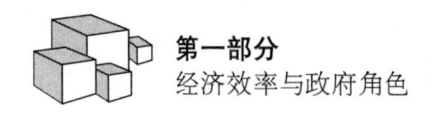

2 000美元/月。两个家庭都受益了,而没有使任何家庭或房主受损。因此,我们可以得出结论说,如果在租金控制下一个贫困家庭最终住上了富裕家庭想要租住的房子,那么租金控制就是帕累托无效的。³

另一方面,如果所有的房子从一开始都落在了富有家庭的手上——若市场是自由的,结果就会这样,房屋的分配就会是帕累托有效的。其原因是,在这种情况下,即使转租合法,房屋的分配也不会改变。穷人没有那么多钱,支付不起富人为腾空其房子而索要的租金。当然,正因为自由市场是以一种帕累托有效的方式配置房屋,所以,从一开始就应该实施租金控制。⁴

图 2.2 以图形方式描述了帕累托效率。既然家庭 A 对租房的心理价位是 6 000 美元/月,而房主收取的租金是 500 美元/月,则一套租金控制型房屋所能产生的消费者剩余为 5 500 美元;图 2.2 显示了这个剩余能够在家庭 A 与家庭 G 之间分配的情况。若一开始是家庭 A 住着这套房子,则分配点为图中的 a 点:家庭 A 的消费者剩余为 5 500 美元/月,而家庭 G 的消费者剩余为 0 美元。若一开始是家庭 G 住着这套房子,并继续住在里面,则分配点为 g 点:家庭 G 的消费者剩余为 1 000 美元,而家庭 A 的消费者剩余为 0 美元。若一开始家庭 G 就住着这套房子,然后把房子转租给家庭 A,则房子为这两户家庭产生的消费者剩余合计为 5 500 美元。在这种情况下,两家的分配点落在那条标着"帕累托前沿"①字样的直线的某个地方。

---

① 最优解的集合被称为帕累托前沿。

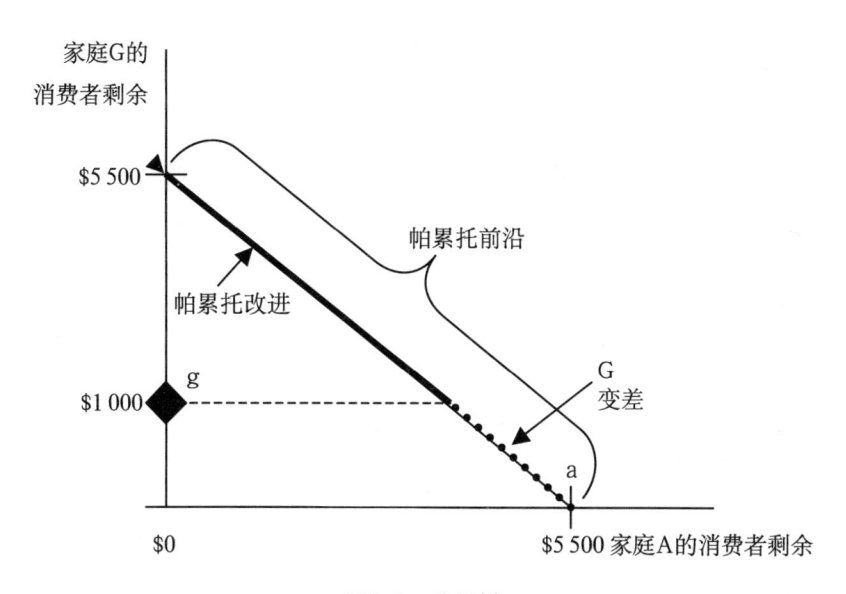

第2章
平等不重要：帕累托效率和自由市场

图2.2 分蛋糕

"帕累托前沿"的得名，来源于这样的事实，即在其上的任何一点，家庭 A 和家庭 G 的消费者剩余之和落在其可能的最大水平上（5 500美元），因此，在不损及某一家的消费者剩余的情况下来提高另一家的消费者剩余，是不可能的。g 点不在帕累托前沿上，因为两家一开始就落在该点（家庭 G 租住着房子），那么就有可能在其搬离住处的同时，使两家都受益。当然，由于家庭 G 能够从所住房屋得到 1 000 美元的消费者剩余，那么，除非它至少能够得到那高于 500 美元房租的 1 000 美元，否则是不会放弃所住房屋的。在图 2.2 中，家庭 G 只会同意处在帕累托前沿上标着"帕累托改进"字样的区域中（所谓"帕累托改进"，就是资源的重新配置能够在不致使其他任何人受损的情况下而使某一人受益的情况）。g 点不在帕累托

| 021 |

第一部分
经济效率与政府角色

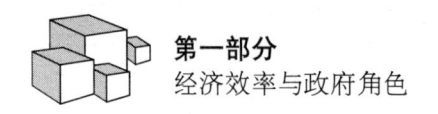

前沿上，这个事实解释了为什么经济学家得出结论说，租金控制是帕累托无效的。

图 2.3 显示了当家庭 A 和家庭 G 从所有商品和服务得到的消费者剩余均被考虑之时租金控制的影响。由于租金控制，两家处在点 g 位置，即帕累托前沿的下方。潜在地，若租金控制被取消，两家可以处在帕累托前沿上的任何位置。但事实上，他们将处在点 a 的位置。在金额上，G 的损失较小（1 000 美元），但由于 G 较穷，其损失大约相当于其总的消费者剩余的三分之一。在金额上，A 的收益较大（5 500 美元），但该收益占其总的消费者剩余的比例较小。

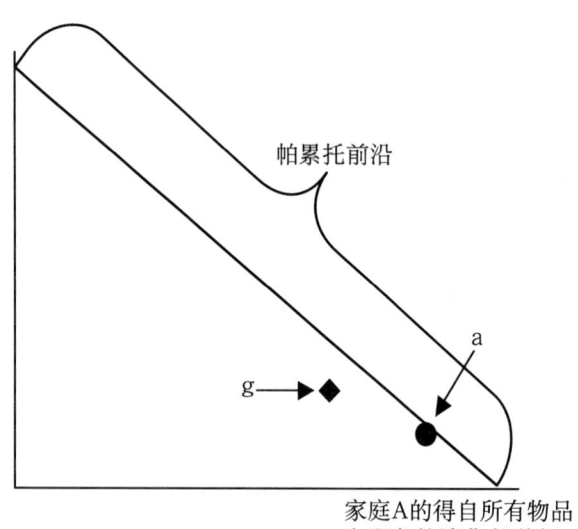

图2.3　租金控制：大图景

第2章
平等不重要：帕累托效率和自由市场

卡尔多、希克斯和成本-收益分析

当贫困家庭占据了富有家庭想要住的租金控制型房子的时候，把转租合法化将提高穷人和富人双方的福利。那么，为什么转租不合法呢？因为租金控制的目的，就是要维系其住户经济状况各异的邻里关系。

当贫困家庭能够得到在不允许转租的租金控制规则下的住房时，房屋分配就不是帕累托有效的。但是，即使不会向占据了租金控制型房屋的家庭提供任何补偿（图 2.2 中从 g 移动到 a），租金控制就应该取消吗？因为取消租金控制会使其中一个家庭的经济状况变糟，帕累托效率概念并未给我们提供该怎么做的任何指引。帕累托的定义告诉我们，政府应该采用使每一个人都受益的政策，但是关于除了产生获益者之外还会产生受损者的政策，此定义却不置一词。然而问题在于，现实中的大多数政府政策，即便不是全部，除了产生获益者之外，还会产生受损者。因此，作为对政策的指导，帕累托效率是无用的。

当然，在这方面，功利主义就大不相同了。功利主义为再分配性政策摇旗呐喊，这样的政策在本质上会产生受损者。经济学家所以排斥功利主义，是因为功利主义对富人和穷人的效用水平作两相比较（并证明把一美元从富人那里转移到穷人那里，对穷人带来的

第一部分
经济效率与政府角色

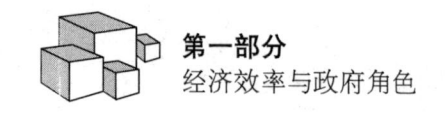

帮助大过其对富人造成的损失)。这些现代经济学家辩称,比较不同个体的效用是不允许的。但是,不对获益者的效用与受损者的效用作比较,怎么能够对政策作分析呢?正如经济学家罗伊·哈罗德(1900—1978)① 1938年解释的:"如果不同个人的效用的不可比较性是严格成立的(即,如果效用是不可比较的),那么,不仅福利学派(功利主义)的药方被排除在外,而且不论怎样的药方亦不必考虑了。经济学家作为顾问便全然毫无价值,除非其推测被认为具有最重要的审美价值,否则最好让他闭嘴。"[5]

因此,英国经济学家尼古拉斯·卡尔多(1908—1986)②和约翰·希克斯(1904—1989)③自主地在帕累托的效率定义之中注入了政策性内容。根据卡尔多的看法,一项政策,只要从中获得的累积性收益能够超过累积性损失,都应该实施,而不管受损者的损失是否会得到补偿,否则该项政策就不应该推出:

> 经济学家没必要去证明——因为实际上他绝不可能证明由于采

---

① 罗伊·福布斯·哈罗德,英国当代著名经济学家。对不完全竞争理论、国际贸易理论和经济周期理论进行了深入探索并作出了重大贡献。最使他驰誉西方经济学界的是,他在1948年与美国经济学家多玛同时提出的经济增长模式,被称为"哈罗德—多玛增长模型"。
② 尼古拉斯·卡尔多,英国当代著名经济学家,新剑桥学派的主要代表人物之一,以提出与经济增长论相融合的收入分配论和建议用消费税代替个人所得税而著称。
③ 约翰·希克斯,英国著名经济学家,在微观经济学、宏观经济学、经济学方法论及经济史学方面卓有成就。与美国经济学家肯尼斯·阿罗分享1972年度诺贝尔经济学奖。

第2章
平等不重要：帕累托效率和自由市场

用某项措施，社会中无人会受损。为了证明他所说的情况（即应该采用该措施），那么，证明即使所有那些因此而受损者的损失完全得到了（受益者的）补偿，其余社会大众的经济状况仍将比以前更好，对他来说就是相当必要的了。（受损者）事实上是否应该得到补偿，是一个政治问题，作为经济学家之经济学家，这是几乎不可能置喙的。[6]

希克斯的检验在方法上类似但在细节上不同。[7]根据希克斯的观点，一项政策，只要因为实施而导致受损者能够补偿获益者使之放弃实施，并且仍然能使他们自己的状况改善，它就不应该实施，而不论补偿是否实际发生，否则政策就应该实施。

为了看一看卡尔多检验和希克斯检验实际上意味着什么，我们继续采用我们的住房例子来讨论。假定所有 6 套可供出租的房子是租金控制型的，并由最贫穷的家庭，即家庭 B 到家庭 G 承租，每家支付的控制型租金为 500 美元／月。同时假定若无租金控制，租金为 2 000 美元／月（我们先前分析过，市场租金一定会落在 1 500.01 美元／月至 2 250 美元／月之间）。如果租金控制被取消，家庭 G 将完全失去其房屋；在消费者剩余方面，其损失将是 1 000 美元／月（即其心理价位 1 500 美元与租金控制下其所支付的 500 美元租金之间的差额）。家庭 B 到家庭 F 将继续住在原来的房子里，但由于租金提高，每家损失 1 500 美元／月。

我们先应用卡尔多的检验。卡尔多的检验提出下述问题：若租

第一部分
经济效率与政府角色

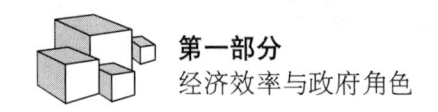

金控制被取消,且所有受损者的损失都得到了补偿,那么社会上其他人的状况会改善吗?为了补偿家庭 B 到家庭 F 所支付的较高租金,提高了的租金只能是通过其他家庭部分地返还给他们。这会使这些家庭及其房主的状况完全跟租金控制取消之前一样,但社会上其他人——家庭 A 和家庭 G 以及家庭 G 的房主——的状况全都有所改善。该房主的状况所以改善,是因为其能收到额外的 1 500 美元/月的租金。家庭 A 的状况改善,是由于在给房主支付 2 000 美元/月的租金,并给家庭 G 支付 2 000 美元/月的补偿之后,它仍能享有 2 000 美元/月的消费者剩余。家庭 G 的状况改善,是因为其源自房屋的消费者剩余将是 2 000 美元/月,而不是 1 000 美元/月。由于有了若干受益者而没有受损者,因此根据卡尔多的检验,租金控制应该被取消。

我们现在转到希克斯检验上。它提出如下问题:在补偿了因答应放弃住所而受益的人之后,因租金控制取消而受损的人的状况会改善吗?或者说如果他们顺应了租金控制的取消,他们的状况会改善吗?有两部分人肯定会从租金控制的取消中受益:房主们和家庭 A。肯定受损的各方是家庭 B 到 G。其中,家庭 B 到 F 事实上可以补偿各自房主,使之放弃租金控制的取消。即使租金控制继续下去,他们也可以同意支付 2 000 美元/月的市场租金,他们和房主的受益程度都将跟租金控制被取消时一样。但他们不会同意支付任何东西去补偿家庭 A,因为在支付了较高的租金之后,他们从其房屋中得不到任何剩余,而若他们必须付出更多,那他们还不如搬走了之

第2章
平等不重要：帕累托效率和自由市场

呢。家庭 G 的情况则不同，他甚至不能给予房主补偿，因为其得自房屋的剩余只有 1 000 美元／月，这比所需额外支付的 1 500 美元／月的房租还少。所以，作为一个群体，因房租控制取消而受损的人不可能补偿因放弃房屋而获益的人，因而根据希克斯的观点，房租控制也应该被取消。

卡尔多检验和希克斯检验能够使自由市场产生相同的资源配置。这并非偶然。实际上，这不过是检验政策是否会导致资源的自由市场配置罢了。相较于实际的帕累托效率定义，它们唯一的"优势"是：仅当穷人所遭受的损失能够得到补偿的情况下，帕累托效率才呼吁取消再分配性政策；卡尔多和希克斯则不然，不论穷人有何遭遇，他们一概呼吁取消再分配性政策。

对于一项政策，经济学家要求进行成本－收益分析计算，看看它是否能通过卡尔多－希克斯检验。例如，在分析租金控制是否应该被取消时，"收益"是富人将能获得的消费者剩余，"成本"是穷人将会损失的消费者剩余。1981 年，里根总统签署了一道行政命令，要求所有联邦机构对各自的所有法规作成本－收益分析。克林顿总统于 1994 年以另一道行政命令重申了这一要求。白宫的管理和预算办公室的"监管分析"（Circular A-4）文件这样解释对成本－收益分析的要求：

> 成本－收益分析是用于监管分析的主要工具。在成本－收益分析中，一切收益和成本都能够以货币的形式加以量化和表示。

第一部分
经济效率与政府角色

成本－收益分析能够向决策者清楚地指出哪个是最有效的选项……（这）就是（在忽略分配效应的情况下）能够为社会产生最大净收益的选项。这对于决策者和公众而言是一项有用的信息，即便当经济效率并非是唯一的或高于一切的公共政策目标的时候。[8]

这段在逻辑上响当当的话有一个问题，那就是，用消费者剩余衡量的收益和成本，其本身是由收入分配决定的。取消租金控制带来的收益将会超过成本，原因无他，只是因为富人能够为住房支付比穷人更多的租金。因此，与功利主义是不同的——功利主义"武断地"得出富人和穷人在任何事情上都应该享有同等待遇的结论，成本－收益分析则"客观地"断定富人应该享有更多。[9]

生产中的帕累托效率

在经济学家看来，无论是对租金进行控制还是在商品生产方面实施价格控制会阻碍帕累托效率出现的绝佳例子。他们认为，租金控制使房主的利润减少，因而它会打击房主获取新的住房的积极性。随之而来的建筑水平的下降构成了帕累托无效率，因为消费者和房主都能从更多的住房受益。当然，如果租金控制被取消，一些租户将失去他们的房子，但房主和租户得自新的住房的收益，很可能在

第2章
平等不重要：帕累托效率和自由市场

价值上远远超出被迫离开家园的租户在消费者剩余上的损失。如果是这样，受损者的损失能够潜在地得到补偿。

伴随这种观点而来的第一个问题是，它并没有说明为什么政府从一开始就可能对某一特定市场实施价格控制。在中世纪的欧洲，面包价格无处不受到控制，但今天，面包价格没有哪个地方受到控制。[10] 原因何在？答案是，在中世纪时期，粮食不足以同时满足富人和穷人的需求，但今天可以同时满足。当然，控制虽然造不出更多可食用的面包，但确实使穷人获得了更多的面包（控制还强迫每个人排好队。当一种物品的价格低到穷人买得起，而所供应的数量少于所需求的数量的时候，排队就出现了）。因此，当一个自由市场，贫穷的消费者相信它分配某物品给自己的数量少于他们应得的，且当他们能够要求此种情况予以改正的时候，就应该对市场实施价格控制（在中世纪，穷人没有办法要求任何东西，但当局时刻提防民众闹事）。

伴随生产方面的帕累托无效率观点而来的第二个问题是，它并没有说明在过渡时期，即自由市场必须生产出所承诺的那么多数量的时期要做些什么。取消租金控制将由于下述承诺而导致许多家庭流离失所：未来的某个时候，他们以及其他家庭的状况将会改善。即便这一承诺得到兑现，经济学家凯恩斯（1883—1946）警告不要坐等自由市场解决经济问题，因为"从长远来看，我们都死了"。若租金控制被取消，那么应该对因此而流离失所的家庭做些什么呢？

伴随生产方面的帕累托无效率观点而来的第三个问题是，在保

第一部分
经济效率与政府角色

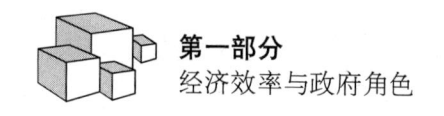

持价格控制不动的同时，能够很容易鼓励人们建造新房子和维修老房子。新建筑通常被排除在租金控制之外，而且允许租金控制型房屋的房主提高租金，以弥补维修成本的上升。

关于经济学家如何使用生产中的帕累托效率来反对再分配性政策，美国广播公司"黄金时段新闻直播"节目一个关于纽约市租金法规的片段提供了这方面的一个例子。这是ABC公司于1997年播出的，当时租金控制遭到了市民的口诛笔伐。节目的特色在于请了乔治·梅森大学当时的经济学系主任、经济学家沃尔特·威廉斯作为特邀专家。威廉斯住在弗吉尼亚，而不是纽约，并且对纽约市的住房市场没做过任何研究。在其分析中，他并没有就纽约市或世界任何其他地方的租金控制提供任何数字。主持人约翰·斯托赛尔没有向观众提供关于租金控制的事实，反而播出了有关纽约市不同租金调控型建筑的画面，威廉斯则对自己所看到的画面作评论。一开始，斯托赛尔给威廉斯观看名门显贵们居住在租金稳定的豪华房屋里的照片。然后他向特邀嘉宾展示了布朗克斯区中破败潦倒的建筑物的画面。

斯托赛尔：租金控制无意中造成的最具破坏性的后果是，一些房主说，"如果不能提高租金，我就不会对房子进行维修"。他们的确如此。

威廉斯：若无空中轰炸，摧毁一座城市最好的办法是租金控制。[11]

第2章
平等不重要：帕累托效率和自由市场

房主们"不会维修房子"吗？难道威廉斯谈的不只是名门显贵那些租金稳定的豪华房子，斯托赛尔不应该下结论说决定建筑物状况的不是租金控制而是租户的财富吗？任何对纽约市的房地产市场有所了解的人都知道，房主不能提高贫穷居住区的租金的原因，不是租金控制，而是……租户太穷了。虽然没有确凿的统计数据，[12] 坊间证据却表明，在纽约市贫穷的居住区，市场租金屡屡低于受控的租金。在纽约市，供穷人居住的低质量住房的问题并不新奇。若斯托赛尔想要向观众表明的，是非监管的住房自由市场能够对纽约市的房屋质量做些什么的话，他本来可以使用雅克布·里斯1890年的著作《另一半人是怎么生活的》中的照片。导致住房法规出台的，恰恰是由于自由市场未能向穷人提供质量可接受的住房。

租金控制类似于"空中轰炸"吗？在繁荣兴旺的1997年的纽约市？威廉斯本来应该告诉观众，纽约市所有新的建筑都被排除在租金控制之外，而且尽管有租金控制，新的住房在纽约市各地却纷纷兴建。然而，被摧毁的是低收入住房，它们不是被租金控制所摧毁，而是被收入不平等所摧毁。曼哈顿区豪华住宅的价格如此之高，以至于开发商根本没有动力去建造新的低收入住房。事实上，正如下文所显示的，既有的低收入住房常常被改造成豪华的住房。关于房屋的维修，威廉斯本来可以告诉观众，纽约市的受控租金每年均作调整，以补偿房主维修成本的上升。最后，威廉斯本来还可以告诉观众，租金调控法规生效之后购买了建筑物的房主所支付的价格，反映了租金调控法规的存在。他们的投资回报率因而与自由市场的

| 031 |

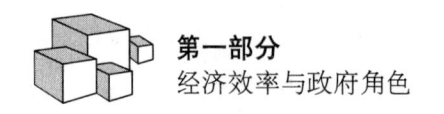

回报率是一样的。

人们很容易把威廉姆斯视作孤立的经济学家而不予考虑。但一项对身为美国经济学会成员的经济学家的调查显示，76%普遍赞同"租金上限会降低可租房屋的质量，减少其数量"的话，另有17%"有条件地"赞同这句话。[13]这并不完全等同于宣布反对租金控制，但那确实被解读为这个结果，而且这种解读很可能是正确的。即使是那句威廉斯将租金与空中轰炸作古怪对比的话，也并不是他首创的；在谈到租金控制时，经济学家们经常鹦鹉学舌地说这类话，尽管与威廉斯不同，他们将之归结于其始作俑者，瑞典经济学家阿瑟·林德伯克[14]（这是经济学研究能够造成伤害的一个例子，因为林德贝克是一位社会学家）。

租金控制是为了富人吗？

关于租金控制属于帕累托无效的观点并不是那种得到媒体关注的观点。真正产生共鸣的，是认为租金控制型房屋会落到富有租户手上的断言。女演员米娅·法罗成为所有对租金控制有所误解的人的眼中钉，因为她，一位富有的女明星，居住在一所能够鸟瞰中央公园的租金控制型房子里，斯托赛尔当然不会放过她了。那么，租金控制型房屋真的会落到富人手上吗？

尽管有斯托赛尔的奇谈怪论，但证据显示，一般来说事情并非

第2章
平等不重要：帕累托效率和自由市场

如此。纽约的出租人总体上较穷，而居住在租金控制型房屋里的租户甚至更穷。租住在租金控制型房屋的家庭的收入中值，在 2004 年为 3.2 万美元。另一方面，市场租金型房屋的出租家庭的收入中值，为 42 000 美元，几乎比前者高 1/3。[15]

把米娅·法罗树立为一名女性典型来反对租金控制，这颇让人产生兴趣，因为她原本可能是站在另一边的女性典型。1994 年，纽约的租金控制法作出变更，所有租金超过 2 000 美元/月的房屋，都不再受到租金控制的限制，假如他们的租户年收入超过 25 万美元的话（1997 年，该法再次作出变更：一套房屋，若其租金高于 2 000 美元/月，且租户的年收入超过 1.75 万美元，则其租金取消管制——即，其租金将随行就市；而且，任何房屋，若因租金高于 2 000 美元/月而无人承租，则自动取消租金控制）。难道法罗不过是因为支付了市场租金，从而能够待在其所居住的房屋里吗？她离纽约市而去，一去不返。为什么？最有可能是因为她住不起所住的房子。法罗有 14 个孩子，其中几个是收养的残疾儿（瞎子、心脏病者、脑瘫者、瘫痪病者）。因此，连她都付不起曼哈顿区的市场租金就不足为奇了。

法罗离去了，现在另一户家庭占据了那所房子。那户人家难道也有 14 个孩子，且那些孩子也有法罗的孩子那么多的特殊要求吗？有关取代了法罗一家的那户家庭，没有一家报纸刊登过这方面的故事。因为那户人家为房屋支付的是市场租金，这就肯定证明了，这户人家比法罗一家更应享有那套房子。当一项政策使穷人受益，则

第一部分
经济效率与政府角色

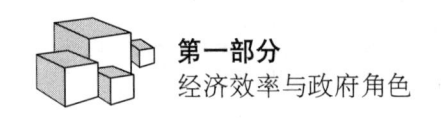

每一个人都将是功利主义者，算计着受益人是否是应当受益。然而，当富人吞噬了社会各种资源的时候，就根本不会有人作这样的算计了。

尽管有米娅·法罗的例子，仍可能有人认为，有资格租住租金控制型房屋的，应该局限于低收入家庭。因为只让穷人受益的政府项目经常中途夭折，这种观点并非像它乍看起来那么清楚明了。但是，将政策建立在奇闻轶事而非硬邦邦的数据基础之上，其危害是一目了然的。

再分配、帕累托和帕累托效率

产品的再分配所以是帕累托无效的，是因为这会把产品分给那些对产品具有较低心理价位的人。但每一个人，不论是富有还是贫穷，对货币都有相同的心理价位：对富人和穷人来说，一块钱就值一块钱。因此，货币的再分配就不能以帕累托效率为由加以反对。帕累托所以反对货币的再分配，不是由于它违背了他的效率定义，而是因为若把一块钱从富人那里转移给穷人，社会总效用将可能减少。

注 释

1. 例子选自哈尔·范里安，《中级微观经济学》(纽约：诺顿出版社，

第2章
平等不重要：帕累托效率和自由市场

2005 年）。

2. 我们还假定，人们可以无成本地搬入和腾空房子且不会产生任何摩擦：房主可以在不事先通知的情况下随意逐出租户，同样，租户可以在不事先通知的情况下随意搬离所住房屋。这种假设虽然是不现实的，但对于帕累托效率的理解不会造成任何差别。

3. 较详细的计算如下。首先，家庭 G 对于选项 1、2 是无所谓的：

   选项 1：市内房子——租金 1 500 美元／月；

   选项 2：郊区房子——租金 1 200 美元／月；

   如果家庭 G 获得一所租金控制型房屋，只需支付 500 美元／月，那么它对选项 3、4 也无所谓：

   选项 3：市内房子——月租金 500 美元／月；

   选项 4：郊区房子——租金 1 200 美元／月，额外收入 1 000 美元／月；

   换句话说，是住在租金控制型房子，还是在每月有额外 1 000 美元收入的情况下住在郊区，对他来说无关紧要。如果家庭 G 以 4 000 美元／月租金把房子转租出去，那么它的月收入在支付完租金控制型房子的租金之后是 3 500 美元／月。这就是选项 5；

   选项 5：郊区房子——租金 1 200 美元／月，额外收入 3 500 美元／月。

   选项 5 优于选项 4，因为它包含了那个带来更高收入的房子。既然选项 4 等价于选项 3，则选项 5 也优于选项 3。

4. 我们的例子也许显得有点人为，因为其断言，如果一个贫穷家庭居住在一所它原本租不起的租金超过 1 500 美元／月的租金控制型房屋里，那么一旦有人提出任何高于 1 500 美元／月的租金，它就会同意转租给后者。事实上，尽管家庭 G 无法支付超过 1 500 美元／月的租金，它也许仍然拒不放弃，除非它能得到一笔高得多的租金。可以想见，甚至在有人出价 6 000 美元／月的情况下该家庭也不会放弃所住房子，而在这种情况下，租金控制终究是帕累托有效的。我们将在第四章回到这个话题。但对于何谓帕累托效率的概述，以及更重要的，关于经济学家如何将其应用在实践中，我们将假

第一部分
经济效率与政府角色

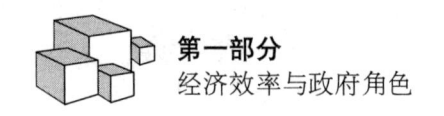

定若有人提出超过其心理价位的租价，一户家庭总是会同意把所住房子转租出去的。

5. 罗伊·F·哈罗德，"经济学范围和方法"，《经济学报》卷48，第191期（1938年9月），页397。

6. 尼古拉斯·卡尔多，"经济学的福利命题和效用的人际比较"，《经济学杂志》卷49，第1959期（1939年9月），页549–52。

7. 约翰·希克斯，"福利经济学基础"，《经济学杂志》卷9，第195期（1939年9月）：页696–712；约翰·希克斯，"社会收入的估值"，《经济学刊》卷7，第26期（1940年5月），页105–24。

8. 美国管理与预算办公室，"监管分析"，2003年9月17日，http：//www.whitehouse.gov/mb/circulars/2004/a–4.pdf。

9. 至于与成本效益分析有关的其他问题，参阅弗兰克·阿克曼和莉萨·海因泽尔林，《无价之宝：论知道一切的价格和乌有的价值》（纽约：新出版社，2005年）。

10. 休斯·罗考夫，"价格控制"，《简明经济学百科全书》（第二版，2008年），http：//www.econlib.org/library/Enc/PriceControls.html（2009年5月26日查阅）。

11. "黄金时段新闻直播"节目，1997年2月19日。文稿见于http：//www.tenant.net/nytenants–announce/nytenants–a–digest.9703（2009年5月26日查阅）。

12. 纽约房地产和空置率调查，由美国人口普查局每三年开展一次，只列出了实际支付的租金而不是控制型租金。

13. R·M·阿尔斯通、J·R·基尔和M·B·沃恩，"二十世纪九十年代经济学家中间是否存在共识？"《美国经济评论》第82期（1992年5月），页203–9。

14. 沃尔特·布洛克，"租金控制"，《简明经济学百科全书》（第二版，2008年），http：//www.econlib.org/library/Enc/Rent-Control.html（2009

第2章
平等不重要：帕累托效率和自由市场

年5月26日查阅）。有人将对比归功于温斯顿·丘吉尔。参阅"现实会咬人的"，《萨默维尔市（麻省）报》，2005年10月17日，http：//somervillenews.typepad.com/the_somerville_news/2005/10/reality_bites_f.html（2009年5月26日查阅）。

15. 纽约的租金调控型房屋要么是租金稳定的，要么是租金控制的。租金控制型租户的年收入中位数为22 200美元。参阅纽约市规划部，"住房和空置控制，初步结果"，2005年，Http：//www.nyc.gov/html/hpd/downloads/pdf/2005-Housing-and-vacancy-survey-initial-findings.pdf（2009年5月26日查阅）。

第3章

帕累托效率警察

经济学家经常担任公职,当他们担任公职的时候,因职责关系,他们会运用自己的所学:若是帕累托无效的,就将之废除。

帕累托无效率:穷人吃得太多

1997年,亚洲多个国家遭遇了一场金融危机。危机始于外国投资者减缓他们在这些国家的投资步伐的时候。货币投机者明白,由于资金流入减少,当地货币的价值将会下降,于是他们就把所持有的当地货币兑换成了美元。这导致当地居民担心他们自己的储蓄的价值,于是他们也开始将他们的本地货币转换成正日益快速消失的美元。这种自我实现的预言的最终结果,就是美元的价值上升。

第一部分
经济效率与政府角色

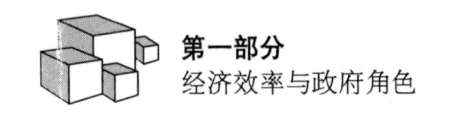

关于外国投资者为什么突然之间对亚洲经济体持续增长的能力失去信心，这并没有什么较好的解释。解释了大萧条的英国经济学家约翰·梅纳德·凯恩斯，也认为投资者的情绪是解释不了的。他把这种情绪摇摆归结于一种不可预知的"动物精神"。不论是否存在合理的解释，事实仍然是美元的价值上升了，这意味着以当地货币计价的进口品价格立刻上涨了。

印度尼西亚遭受危机的打击尤大，因为它严重依赖于食品进口：印度尼西亚的全部小麦、三分之一的糖类及十分之一的大米都是进口的。[1] 印度尼西亚政府当时对食品价格给予了补贴，但尽管有这些补贴，食品价格仍大幅上涨，以致与食品有关的骚乱席卷全国，仅首都雅加达就有 500 人死于骚乱。为了使老百姓有饭吃，印度尼西亚需要从国际货币基金组织（IMF）得到一笔贷款。

印度尼西亚政府传统上对食品价格给予补贴的做法不太为 IMF 经济学家所接受。正如下面将解释的，食品补贴会妨碍帕累托效率。所以，在骚乱肆虐期间，IMF 在时任美国商务部长拉里·萨默斯的支持下，要求印度尼西亚取消食品补贴，以确立"以市场为基础的定价"，作为接受贷款的条件。克林顿总统甚至从空军一号飞机上打电话给印度尼西亚总统苏哈托，要求他按照 IMF 的要求做。苏哈托总统照做了。[2]

与租金控制没有帕累托效率的理由一样，食品补贴可能也是帕累托无效的：使穷人有机会获得他们原本买不起的物品。下面的表 3.1 显示了当一户贫穷家庭的收入为 20 美元时其对食品的心理价位。头两个单位的食品为生存所必需。如果食品价格为 20 美元/单位，则

第3章
帕累托效率警察

该家庭将购买一个单位,如果食品价格为 10 美元／单位,它将购买两个单位。我们假定世界市场的食品价格为 20 美元／单位,且这是印度尼西亚政府支付的价格。印尼政府以 5 美元／单位的价格向国民出售食品,即提供了 15 美元／单位的补贴。在获得了头两个单位即生存所必需的单位之后,第三个单位是可选的,倘若存在那个特定的补贴,该家庭的确有对这个单位以及所有额外个单位的心理价位。

表3.1　　　　　　　一户家庭对食品的必需量及心理价位

单位	1	2	3	4
心理价位	任何价格	任何价格	6 美元	4 美元

从表中可以清楚地看出,若没有价格补贴,该贫穷家庭将支付 20 美元购买一个单位的食品,然后忍饥挨饿。由于有补贴,他会购买 3 个单位。该家庭得自第三个单位的消费者剩余是 1 美元,然而这是政府花费 15 美元产生的。这意味着补贴产生了一种帕累托无效的资源分配。理论上,政府可以取消对第三个单位的补贴,作为替代,给该贫穷家庭 2 美元现金;以这种方式操作,该贫穷家庭因而只会消费两个单位的食品,并获益 1 美元,纳税人则获益 13 美元,这是一种帕累托改进。

在实践中,只对一户家庭所购买的若干单位中的一个取消补贴是不可能的。如果对全部单位的补贴均取消,并给予该家庭 42 美元的现金转移,情况将与上面一样:该家庭由于这笔转移支付将比补贴情况下获益 1 美元,纳税人将获益 13 美元(因为对三个单位的补贴为 45 美元)。

第一部分
经济效率与政府角色

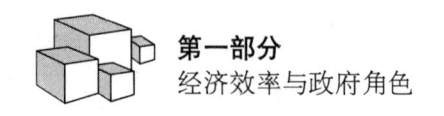

虽然在我们的例子中食品补贴是帕累托无效的，但这个结果只对一个足以维生的家庭适用。我们考虑一个只有 10 美元收入的家庭。由于食品补贴，该家庭购买了两个单位。在这种情况下是不可能有帕累托改进的，因为削减食品消费将导致营养不良，补贴因而是帕累托无效的。

食品补贴在贫穷国家所以能获得强大的支持，是因为它们能使数量庞大的人群受益（富人未受益于此，因为他们通过纳税支付了补贴）。然而，在正常情况下，若补贴被取消，受益者中唯有最穷者才有资格获得补偿。因为最穷的国民在政治上处于弱势，对所有需要补贴的人都进行补偿很少实行。因此，取消食品补贴的结果往往是有人吃不饱饭。所以，印度尼西亚因取消食品补贴导致骚乱，这是一点也不令人奇怪的。

诺贝尔经济学奖获得者约瑟夫·斯蒂格利茨当时担任世界银行首席经济学家，他把印度尼西亚的骚乱称为"IMF 骚乱"。"当一个国家陷入衰退并一蹶不振时，"斯蒂格利茨告诉《观察家报》，"IMF 就会乘虚而入，榨干这个国家的最后一滴血。他们煽风点火，火上浇油，直到整个大锅最后爆毁。"在《观察家报》所获得的 IMF 秘密文件中，IMF 的负责人透露，他们实际上希望人们用"社会动荡"来回应他们将实施的政策，而且他们决定用"政治决心"来应对这些骚乱。[3]

功利主义观点

那么，功利主义是如何看待食品补贴的呢？若因补贴取消而受损的

第3章
帕累托效率警察

人的损失完全得到补偿,则补贴就应该被取消。问题在于补贴是否应该不作补偿就取消掉。若无补贴,穷人将吃不饱饭,很显然,穷人从补贴中获得的效用增加将超过那些支付补贴的富人所遭受的损失。当然,效用不是可度量的。衡量相对收益和损失要求进行判断,出错是可能的。但食品补贴可能是功利有效的,即便不是帕累托有效。

"将大量的有毒废物倾倒在这个最低工资国家,其背后的经济逻辑是无可挑剔的。"

图片来源:斯蒂芬妮·米切尔/哈佛图片社/Redux图片社

图3.1 拉里·萨默斯(1954—)

第一部分
经济效率与政府角色

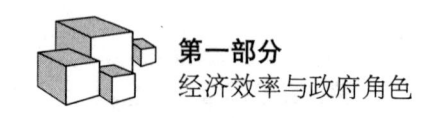

帕累托无效：穷人找医生看病的次数太多

2004年，曾担任里根总统经济顾问委员会主席的经济学家马丁·费尔德斯坦①，获得了经济学家们所给予的最高认可：美国经济学会会长之职。在其会长就职演说中，费尔德斯坦用大部分篇幅谈论了健康保险问题。当然，健康保险对于美国经济学会会长的就职演说而言是一个非常适宜的题目，因为约有5000万美国人没有健康保险，尽管事实上其中的许多人干的是全职工作。[4] 考虑到医疗保健领域的危机，人们本来可能预计费尔德斯坦会谈论如何向更多的美国人提供健康保险，或者也许会谈论如何取消HMO②正在实施的对医疗保健的不良限制。可是费尔德斯坦告诉听众的却是，美国的健康保险面临着一个问题，因为免赔额和支付额太低，结果人们找医生看病的次数太多了："它们［较低的支付额］还导致那种价值不及其生产成本的医疗保健需求的提高。"[5]

在非经济学家看来，整容手术大概是无效医疗保健的一个最佳例子。因为它把医生、护士和手术室等医疗资源转移到其他地方，使之

---

① 马丁·费尔德斯坦：被称为供应学派经济学之父，目前担任美国国家经济研究局局长。
② HMO（美国健康维护组织），一种最早期的健康管理计划形式，向会员提供一定范围的健康服务，包括在每月或年付费的基础上提供预防性护理服务。

第3章
帕累托效率警察

远离真正的医疗问题。但在经济学家看来,整容手术实际上是高效医疗保健的一个最佳例子。为什么呢?恰恰由于它不是医疗所必需的。由于非必需,所以整容手术未被保险覆盖,而若没有保险,除非付得起手术费,否则患者是决不会做整容手术的。这就保证了整容手术并不是"价值不及其生产成本的"。真正的医疗保健为保险所覆盖,这就是为什么像马丁·费尔德斯坦所说的,它"的价值"可能"不及其生产成本"。

马丁·费尔德斯坦关于支付额低将导致医疗保健"的价值不及其生产成本"的观点,下面的例子可以作为证明。假设找医生看一次病的成本是 100 美元,且未参保的穷人看病时所能支付的钱不高于 20 美元。这意味着穷人对于找医生看病的心理价位为 20 美元,其找医生看病的事情就不会发生。不过,我们对这个例子稍作改变:假定穷人参保了,且看病不需要付钱。在这种情况下,穷人找医生看病的事情就会发生,即使这种事情的"价值不及其生产成本"。那么,这种找医生看病的事情是帕累托有效的吗?换句话说,假如保险公司给穷人提供一笔钱,它低于找医生看病的成本,比如 95 美元,以此让穷人不去找医生看病,那么穷人会接受吗?简单地假定穷人会接受是错误的,因为虽然穷人付不起高于她看病时本人必须支付的 20 美元钱,但与接受保险公司给予的这笔钱相比较,她可能还是宁愿去找医生看病[6](我们将在第 4 章再回过头来讨论支付能力与某物的价值的关系)。但经济学家太习惯于把某物对某人的价值与该人对此物的支付能力画上等号了,致使马丁·费尔德斯坦能够把

第一部分
经济效率与政府角色

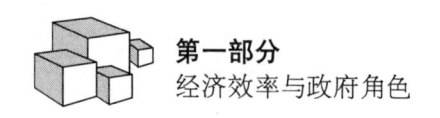

这个等式作为他就职美国经济学会会长的演讲的主要元素。这二者并不是等同的,而这恰恰是保险由以存在的原因:在人们看不起病的情况下允许他们去找医生看病。

当前,向雇员提供健康保险的雇主出于避税的目的,可以从企业收入中扣除所支付的保险费。费尔德斯坦希望禁止这种扣除,从而使健康保险更加昂贵。当保险在雇主看来更昂贵的时候,费尔德斯坦解释说,穷雇员将被迫满足于更高的免赔额和更高的支付额。这样,他们就会使用不那么贵的医疗保健。若费尔德斯坦的建议被采纳,穷人将穷尽他们的一生来付钱,因为支付额的提高导致患者放弃免疫接种、癌症筛查以及挽救生命的药物。[7]

"(较低的支付额)导致那种价值低于其生产成本的医疗保健需求的提高。"
图片来源:亚历克斯·王/盖蒂图片社

图3.2 马丁·费尔德斯坦(1939–)

第3章
帕累托效率警察

毋庸讳言,根据费尔德斯坦的说法,虽然穷人的医疗保健的价值可能低于其医疗保健的成本,但这并不适合富人的情况。为了继续讨论我们的例子,我们假定富人对找医生看一次病的心理价位为100.01美元。保险公司将必须支付给她这么多钱或更多的钱以使其不这样做,但医生的收费却低于此价格。换句话说,富人较低的支付率是帕累托有效的,因为富人并不真正需要它。

功利主义观点

功利主义者将会首先注意到,健康保险是一项将钱从健康者那里转移到生病者那里的再分配政策。人们购买健康保险,是因为他们希望在自己需要的时候有能力得到医疗保健;在功利主义者看来,那种认为让人们得到他们个人支付不起的医疗保健是无效率的主张,是很奇怪的。

用税款作补贴的健康保险使社会的总效用增加了吗?再没有什么比人们的健康给予人们更大的效用了。一名找医生看病的患者在效用上的增加很可能超过那些支付了该款项的人们在效用上的损失。尽管如此,并非所有的雇主都提供健康保险,而在提供健康保险的雇主当中,其受益水平大不相同。这意味着保险费用的税务抵扣是不公平的。然而,与其取消抵扣,倒不如要求所有雇主提供统一的保险政策,这样反而可能更好。

第一部分
经济效率与政府角色

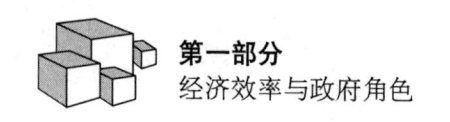

帕累托无效：穷人呼吸了太多清洁的空气

发达国家的环保主义者和发达国家的工人均深切关注第三世界的污染情况。环保主义者们担心第三世界承担不了对污染的工厂说不；工人们担心由于第三世界宽松的环境法规，工厂将会迁移到那里，工作机会随之而去。劳伦斯·萨默斯，我们在前面提到过他，后来最终担任过克林顿总统的商务部长、奥巴马总统的首席经济顾问，他在1991–1993年间是世界银行的首席经济学家。在1991年一份如今臭名昭著的内部备忘录中他写道："我认为将大量的有毒废物倾倒在这个最低工资的国家，其背后的经济逻辑是无可挑剔的，对此我们应该勇敢地面对。"[8]

这份备忘录曝光后，萨默斯声称备忘录是在说反话。但很明显，他并没有说备忘录的陈述是错的。用帕累托效率作为标尺，其经济逻辑恰如萨默斯所言。第三世界的人们呼吸洁净的空气是帕累托无效的，因为如果他们必须付钱购买，他们是买不起的。

当拉里·萨默斯为在第三世界倾倒有毒废物提供有力的经济理由时，该备忘录是对环保主义者和工会的要求作出的回应。他们要求第三世界应该采用与发达国家相同的环境标准。这些空想的社会改良主义者所不理解的是，迫使第三世界采用与发达国家相同环境法规的东西，将会是帕累托无效的。比如，假设通过污染控制技术

第3章
帕累托效率警察

挽救一条人命的成本为 400 万美元。如果发达国家人命的价值为 500 万美元,那么 400 万美元就应该花,生命应该挽救。但如果第三世界中人命的价值仅为 100 万美元,则挽救生命就是帕累托无效的,因为第三世界的居民由于这条人命的死亡和花费比如 200 万美元的钱而使状况改善了。[9]

那些不同意帕累托效率的逻辑的人这么做,就是置他们自己于风险之中。1992 年,巴西环境部部长何塞·卢岑贝格尔就美国人赞同污染的言论写信给萨默斯:"您的推理是完全逻辑性的,但也是十足疯狂的……你的想法在难以置信的异化、简化论思维、社会的冷酷无情及许多传统'经济学家'对我们所生活的世界的性质傲慢无知方面提供了一个具体的例证。倘若世界银行仍让你待在副行长的职位上,它将信誉扫地。在我看来事实会证实我经常说的话……所能发生的最棒的事,就是世界银行彻底消失。"[10]卢岑贝格尔写完这封信之后不久就丢了饭碗。

功利主义观点

环境保护经常被认为是一项只有富人才承受得起的奢侈政策;这也是萨默斯言论背后的假设。但事实上,当由中央政府制定和执行的时候,环境保护是一项再分配政策,而这是必需的,不是因为某一特定的发达国家富裕,而是因为该国的某些群体贫穷。若这些群体必须在污染工厂和清洁环境这两者中选择一个的话,他们将会选择前者。然而,当环境标准由中央政府制定和执行的时候,工人

第一部分
经济效率与政府角色

就不能以牺牲自己的健康来讨价还价了。因此,当环境保护统一强制执行的时候,它对最贫穷的群体具有最大的有益的影响。

环境保护将从工厂主——他们将被迫投资于洁净的技术,从消费者——他们将最终为更高的价格买单——的口袋里掏出钱来,以更洁净环境的形式把钱转移给贫穷的群体。如果得自洁净环境的效用增加超过源自较少的利润和较高的消费价格而导致的效用损失,那么环境保护就是功利主义有效的。

为逃避本国的环境保护而把工厂迁移到外国去的工厂主,最终使得这种环境保护名存实亡,形同虚设。随着越来越多的工人失业,公众对环境保护的支持将逐渐减少。除非所有的群体,不论是本国的还是国际的,都受其制约,否则环境保护将不可能起作用。萨默斯提倡在第三世界采用低环境标准,实则是世界各地低环境标准的一个处方。

如果穷国被迫执行与发达国家相同的环境标准,或者如果发达国家开始禁止在此类标准下生产的产品,一些工厂将会回流到发达国家。但是针对环境恶化,穷国中的穷人需要受到与富国中的穷人一样的保护。而且,如果为应对工作岗位的流失,发达国家最终放宽本国的环境标准,世界各地的工人将会看到环境质量恶化,而任何地方都得不到工作岗位方面的任何好处。

注 释

1. 迈克尔·理查森,"苏哈托将会公然反抗国际货币基金组织吗?",《国际先驱

第3章
帕累托效率警察

论坛报》，1998年2月16日，http：//www.iht.com/articles/1998/02/16/imf.t_2.php（2009年5月26日查阅）。

2. 保罗·布卢斯坦，"鲁宾说国际货币基金组织对印尼政府的援助危在旦夕"，《华盛顿邮报》，1998年3月4日。

3. 格雷格·帕拉斯特新闻和电影网站，http：//www.gregpalast.com/the-globalizer-who-came-in-from-the-cold/（2009年5月29日查阅）。

4. 作者所作的研究显示，纽约市49%的全职零售业者没有医疗保险。摩西·阿德勒，"工会组织和贫困：纽约零售业情况"（工作报告127，经济政策研究所，华盛顿特区，2003年12月），http：//www.epinet.org/workingpapers/wp127.pdf。

5. 马丁·费尔德斯坦，"重新思考社会保险"，《美国经济评论》第95期（2005年3月）：页10。

6. 参阅约翰·A·尼曼，《健康保险需求理论》（斯坦福经济学和金融学，加州斯坦福大学：斯坦福大学出版社，2003年），第三章。

7. A·马克·芬德里克和迈克尔·E·切尔纽，"以价值为基础的保险设计：统一激励机制，架设质量改进和成本控制之间的桥梁"，《美国管理式医疗杂志》第12期（2006年12月）：页1—10。

8. 马特·比文斯，"哈佛的'恰当选择'"，《国家杂志》，2001年6月25日，http：//www.thenation.com/doc/20010605/bivens。

9. 因为工资低，第三世界控制污染的成本可能低于发达国家。但是除劳动力之外，污染控制还包括在世界市场上作交易的要素（例如，以石油而非煤炭作燃料时电厂产生的污染较少）。因此，虽然生命的价值与工资成正比，但控制污染的成本却不是。如果在我们的例子中，第三世界控制污染的成本是300万美元而非400万美元，污染不应被控制这一结论仍然成立。

10. "劳伦斯·萨默斯"，维尔德银行集团，2001年，http：//www.whirledbank.org/ourwords/summers.html。

第4章

为什么对产品再分配最终可能是帕累托有效的

经济学家之所以反对产品的再分配，是因为把穷人原本买不起的产品给穷人是帕累托无效的。考虑到穷人从产品再分配中获得的效用，这个反驳软弱无力，不堪一击。然而，事实证明，所谓没有帕累托效率的主张本身在许多情况下是错误的。

声称产品再分配没有帕累托效率，这是建立在如下假设基础之上的：富人对这些产品的心理价位比穷人更高。这个假设在回答下列一类问题时是不错的：富人和穷人都想要租到相同的房子。那么谁会租到房子呢？当然是富人。但回答下面这一类问题时，就是一个糟糕的假设了：穷人居住在富人所垂涎的租金控制型房子里，且转租是合法的。那么，穷人会把房子转租给富人吗？答案是不一定。居住在此类房子里的穷人的心理价位可能高于未居住在其中的富人的心理价位。

第一部分
经济效率与政府角色

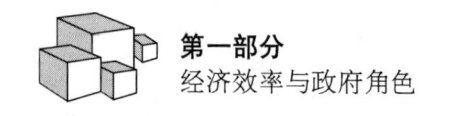

研究人员发现，当消费者得到一个机会，有出售他们不打算出售的物品的可能时，他们所要求的售价平均 7 倍于若他们到市场上去购买时他们自己同意支付的价格。一个人对自己未拥有的某一物品所愿意支付的价格被称为意愿支付价格，简称 WTP。同样，若他拥有某一物品，这个人出售它时所要求的价格被称为意愿接受价格，简称 WTA。

度量 WTP 和 WTA 之差几乎是不可能的。在任意特定时刻，消费者要么购买要么出售某一物品，而不可能在同一时刻既购买又出售该物品。当他购买某物品时，其行为会透露出某些有关其 WTP 的信息（高于或等于他支付的价格），而当他出售某物品时，其行为会透露出某些有关他的 WTA 的信息（低于或等于他的要价），但这两个值是不可能同时观察到的。估计这些值的经济学家因而依靠人为的实验，实验结果显示，WTA 对 WTP 之比的变动范围非常大，从 1∶1 到 1∶113。[1] 但大部分实验结果落在此范围的下端，这就是为什么平均比值为 1∶7。食品、医疗保健和住房的 WTA 与 WTP 之比很可能高于大多数其他商品，但不存在任何关于这些特定商品的度量。[2]

我们现在回到那个租金控制的例子。在这个例子中，家庭 G 对一套房屋的心理价位为 1 500 美元／月，而家庭 A 对同一套房屋的心理价位为 6 000 美元／月。假设法定租金不得超过 500 美元／月，家庭 G 租住在那套房屋里。同时假设为了租下家庭 G 的房子，家庭 A 向家庭 G 报出其所能报出的最高价，即 6 000 美元／月。家庭 G 会接受吗？不一定。首先，因为对于这套房子，家庭 G 只支付 500 美元／月，

第4章
为什么对产品再分配最终可能是帕累托有效的

而非 1 500 美元／月，家庭 G 已经有了一个 1 000 美元／月的消费者盈余。此外，房屋位置理想，且家庭 G 在此居住已有时日，和邻居们都很熟悉。鉴于租金较低，所以尽管有家庭 A 的出价，家庭 G 也可能选择一动不如一静，住在原来的房子里。这并不意味着，不论出价多高，家庭 G 都不会动心。但这的确意味着，一旦租住在这所房子里，家庭 G 对房子的心理价位高于家族 A 的心理价位。因此，租金控制可能会产生一个帕累托有效的配置，即使结果是，最终拥有一套房子的是最贫穷的家庭。即便按照该经济学家自己的标准，他对租金控制的反对也不一定有正当理由。

但假如自由市场和租金控制均产生帕累托有效的配置，那么政府应当如何在它们之间作出选择呢？再一次，帕累托效率还是不能为制定公共政策提供一种工具。

何谓"合理的补偿"？

美国最高法院 2005 年关于"凯洛诉新伦敦城"一案[①]的裁决震惊了许多美国人。大法官桑德拉·戴伊·奥康纳和克拉伦斯·托马

---

① 这是美国最高法院裁决的一个案子。案件缘于康涅狄格州新伦敦城征用私人拥有的地产，以便土地可用作一项综合再开发计划的一部分。新伦敦城最终同意把苏泽特·凯洛的房子迁移到另一个地方，并向其他私房房主额外支付足够的补偿。后来开发商因无法筹到资金而放弃了这个项目，这片土地最后变成了城市的垃圾场。

第一部分
经济效率与政府角色

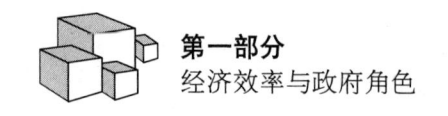

斯分别对本案提出了不同意见，他们依据的是功利主义效率，尽管他们没有使用这个术语。

导致本案件的诸般事件缘于制药巨头辉瑞公司的高管们作出的决定，他们想在康涅狄格州的新伦敦城设立一所研究机构。为了履行据报道是辉瑞公司入驻条件的事宜，新伦敦城开始清空拥有115户居民的贝瑟尔堡海滨社区。[3]虽然其中的106户房主同意按市政府的出价出售他们的住宅，但另外9户拒绝了。于是，市政府设法运用土地征用权，来迫使这9户居民腾空他们的房子，并给他们支付"合理的补偿"。然而，在收到驱逐告示时，这些居民没有带上金钱细软离开，而是将案子上诉到最高法院。

那两位持异议的大法官均对"合理补偿"的数额提出了意见，且新闻分析将他们的意见描述成大同小异。托马斯甚至附议了奥康纳的裁决。但事实上，两份裁决反映了大不相同的、几乎完全相反的意见。

托马斯不认为这些居民能够得到合理的补偿，他解释说，"所谓的'城区改造'计划对他们征用的房地产提供了某种补偿，但是这些土地之于这些流离失所的个人的主观价值，是任何赔偿都不能够弥补得了的"。托马斯显然夸大其词了，他甚至不能相信"不补偿都是可能的"。但是，当政府需要为某一项目腾出土地时，它往往选择去谴责穷人家庭，而非富有之家，因为政府相信"合理补偿"将会更低。托马斯找到了一个反驳这种逻辑的论证。他想要解释的是，为什么一处住宅对一户贫穷家庭的价值不低于一处住宅对一户富有

第4章
为什么对产品再分配最终可能是帕累托有效的

家庭的价值,即使房屋本身的出售价格各不相同。托马斯声称一处住宅对其住户的价值无穷大,一个可能的原因是因为无穷大对于穷人及对于富人是一样的。虽然一处住宅对于一个家庭的价值事实上不可能无穷大,但从穷人家庭和富人家庭两相比较来看,它仍可能具有相同的价值,甚或有更高的价值,如果这一价值不是以美元而是用效用衡量的话。其原因是,富有之家有更多的手段去适应其住宅的失去。因此,一个贫穷家庭的WTA可能高于一个富有家庭的WTA。因为他隐含地对穷人的效用与富人的效用作了比较,托马斯所用的检验是功利主义的。

奥康纳法官也提出了"合理补偿"的问题,她是就其中一名原告的情况提出的。那名原告名叫威廉米娜·德瑞,一直和她60岁的丈夫住在她1918年出生时的房子里。德瑞夫人的房子由他们的家族拥有一百多年了,德瑞的儿子就住在他们的隔壁。显然,把他们逐出所住房屋将给他们带来痛苦。一处房子对于住在其中的家庭而言具有额外的价值,远高于市场价格,奥康纳相信,向被剥夺房产的房主支付他们房屋的市场价值,是不足以补偿他们的损失的。奥康纳无疑是正确的,但是,如果按照她的论证作始终如一的推广,则只会支持如下的实践:更富有房主的房产被征用时要给予他们更大的补偿。奥康纳关心的是被征用物的价值,而托马斯关注的是人们对所属物被征用时的适应能力。

密歇根州对新伦敦城一案的裁决作出反应,通过了一项新的法律,它处理了奥康纳的而非托马斯的关注。法律要求对原住宅的

第一部分
经济效率与政府角色

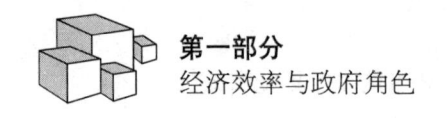

"合理补偿"不得低于市场价格的125%。[4]这进一步强化了政府去征用穷人房产而非富人房产的动机,对于"凯洛"裁决的这个补救措施显然不是功利主义的。

富人从政府那里得到的这种优惠待遇,连同"9·11"恐怖袭击的受害者家庭所获得的赔偿一事,成了人们关注的焦点。富有家庭得到的补偿额大大高于贫困家庭的所得,尽管前者有比后者更好的手段弥补损失。很明显,这其中缺失了一条通过政府实行收入再分配的原则。若没有它,政府就会用纳税人的钱来强化既有的收入分配格局,而无论这种格局多么不平等。

税收蛋糕

在今日的美国,有几项计划是有意将财富从富人那里转移给穷人的,包括福利、政府的卫生服务以及公共住房及住房补贴。但财富从富人向穷人最重要的转移,其实不是有意为之的结果,而是政府用纳税人的钱来提供公共服务的一个副产品。

现举一个例子。假设有两户家庭,其中一家的年收入为3万美元,另一家的年收入为30万美元。同时假定,政府不提供任何公共教育,且每家都有一个孩子送到私立学校上学,学费为每年1.5万美元。这样,两户家庭交完学费之后的收入之比为19∶1(28.5万美元∶1.5万美元)。现在政府要提供公共教育了,为此,政府必须

第4章
为什么对产品再分配最终可能是帕累托有效的

向这两个家庭征税。如果所得税采用累进税率,那么,那户富裕的家庭最终肯定要补贴那户贫穷的家庭。即便是单一税率,财富亦将重新从富人那里分配给穷人。必须征收9.1%的税率才能产生所需的3万美元税收。由于这个税率,那户穷人家庭将看到,它的教育费用从1.5万美元减少到2 727美元,那户富裕家庭的教育费用将提高到2.7273万美元。两户家庭的税后收入之比将仅为10∶1(富裕家庭的税后收入将是27.2727万美元,贫穷家庭的税后收入为2.7272万美元)。因此,即使是像销售税这样的累退税,只要富人缴纳的绝对税额更多,且税收用于向富人和穷人提供相同的产品和服务,它也是再分配性的。

注 释

1. J.K.霍罗威茨和K.E.麦康奈尔,"对诸般WTA/WTP研究的评论",《环境经济学与管理期刊》卷44,第3期(2002年11月):页426–47。
2. 律师赫伯特·霍文坎普认为,WTP和WTA之间的差别要求政府向穷人提供生活必需品。他解释说,当谈及食物和住所时,没有足量的以此类物品为生的穷人的WTA超过拥有大量此类物品的富人的WTP。重新分配这些物品因而将使社会财富最大化,因为当穷人拥有这些物品时它们的价值更高。这是在重申边沁的论点,只是有两个小小的差别。它是从社会的目标是使财富最大化这一假设出发的,并从这个目的得出结论说,政府应该再分配的唯一物品是生活必需品。但如果社会的目标是使社会福利最大化,那么(正如边沁所显示的)再分配应该涉及各类收入,而不只是必要的生活必需品的总值。赫伯特·霍文坎普,"法律政策和禀赋效应",《法律研究期刊》第20期(1991年6月):页225–47。

第一部分
经济效率与政府角色

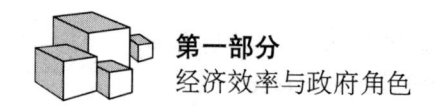

3. 辉瑞制药否认公司与该社区的"清空"有任何瓜葛。据记者泰德·曼恩报道，该公司网站称："我们辉瑞失望地看到，媒体上出现了虚假的和误导性的信息，暗示辉瑞以某种方式参与了此事……对于作为此案标的物的土地的开发，公司既没有提任何要求，也没有任何兴趣兴趣。"曼恩调查了为《新伦敦（康涅狄格）日报》而作的这个声明，并表示了怀疑："对自1997年至1998年的州记录和信件长达数月地翻阅——当时时任州长约翰·G. 罗兰下属的官员一直在帮助说服该制药巨头进驻新伦敦城——显示，该声明在最好的情况下都是误导性的，"他写道。泰德·曼恩，"辉瑞在贝瑟尔堡计划上的蛛丝马迹"，《新伦敦日报》，2005年10月16日，http://www.freerepublic.com/focus/f-bloggers/1503363/posts（2009年5月26日查阅）。

4. "土地征用权"，全国各州立法委员大会，2007年。

第5章

联邦所得税简史

1787年，美国的开国者们将一个禁止征收所得税的条款纳入到宪法之中。宪法第一条第九款写道："除非按本宪法所规定的人口调查或统计之比例，不得征收任何人口税或其他直接税。"换言之，国会有权按人口征收定额税，这是一种"人头税"，而不是与个人收入成正比的因而从富人所征税款较穷人更多的一种税。

虽然我们不知道为什么开国者们明确反对所得税，但托马斯·杰斐逊相信，再分配有违某个"第一原则"：

因据认为他本人及其父辈勤劳而获得太多便向某人课税，以把钱分给其他不那么勤劳及不具备那种劳动技能的人（或他们的父辈），就是专横地违背了合作的第一原则，"从而确保把他的一份勤劳及勤劳所得免费给予每一个人"。

第一部分
经济效率与政府角色

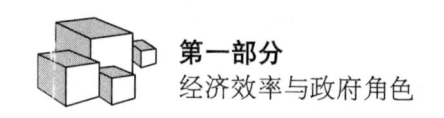

其他开国者们或许持有类似的看法。

开国者们成功地延迟了所得税，但并没有成功地阻止它的推出。1913 年，第十六修正案对美国宪法作了修改，明确允许所得税的征收："国会有权对任何来源的收入规定和征收所得税，不必在各州按比例分配，也无须考虑任何人口普查或人口统计。"而且如表 5.1 所清楚表明的，美国人实施所得税不带丝毫的犹豫。所得税法一经立法就开始征收所得税，而且所得税已不仅用于资助政府提供公共产品，还用于扩大政府的角色。

正如表 5.1 中的税率所显示的，1917 年，即允许征收所得税的宪法修正案通过后仅仅过了 4 年，最高税率就被确定为 67%，当时美国正式参加第一次世界大战，一年后，最高税率提高到 77%。1925 年，最高税率降至 25%，但这一较低的税率只持续了短短数年。1929 年，大萧条爆发，政府启动了各种需要大量货币的计划。政府直接雇用员工以便向他们提供工作岗位，还启动了社会保障以及各种向有未成年子女的家庭提供救助的计划。1932 年，最高税率上升至 63%。一直至 1982 年，最高税率一直维持在 60% 以上，持续了整整 50 年。期间甚至一度高达 90% 以上，这段时间持续了 14 年，即从 1950 年到 1964 年。那么，何者能够使美国人转而反对政府、反对征税呢？无论答案可能是什么，经济学家在推动与过去的决裂方面都扮演了一个积极的角色。他们是怎么做的呢？根据这些经济学家的看法，高税收是帕累托无效的。由于税率的上限和下限根本没有指定，所以在实践中，任何税率都注定是过高的。

第5章 联邦所得税简史

表5.1　　　　　　　　　最高边际税率

年份	最高边际税率	年份	最高边际税率	年份	最高边际税率
1913	7.0%	1931	25.0%	1949	82.13%
1914	7.0%	1932	63.0%	1950	91.00%
1915	7.0%	1933	63.0%	1951	91.00%
1916	15.0%	1934	63.0%	1952	92.00%
1917	67.0%	1935	63.0%	1953	92.00%
1918	77.0%	1936	79.0%	1954	91.00%
1919	73.0%	1937	79.0%	1955	91.00%
1920	73.0%	1938	79.0%	1956	91.00%
1921	73.0%	1939	79.0%	1957	91.00%
1922	56.0%	1940	81.10%	1958	91.00%
1923	56.0%	1941	81.00%	1959	91.00%
1924	46.0%	1942	88.00%	1960	91.00%
1925	25.0%	1943	88.00%	1961	91.00%
1926	25.0%	1944	94.00%	1962	91.00%
1927	25.0%	1945	94.00%	1963	91.00%
1928	25.0%	1946	86.45%	1964	77.00%
1929	24.0%	1947	86.45%	1965	70.00%
1930	25.0%	1948	82.13%	1966	70.00%
1967	70.00%	1982	50.00%	1997	39.60%
1968	75.25%	1983	50.00%	1998	39.60%
1969	77.00%	1984	50.00%	1999	39.60%
1960	71.75%	1985	50.00%	2000	39.60%
1971	70.00%	1986	50.00%	2001	38.60%
1972	70.00%	1987	38.50%	2002	38.60%
1973	70.00%	1988	28.00%	2003	35.00%
1974	70.00%	1989	28.00%	2004	35.00%
1975	70.00%	1990	31.00%	2005	35.00%
1976	70.00%	1991	31.00%	2006	35.00%
1977	70.00%	1992	31.00%	2007	35.00%
1978	70.00%	1993	39.60%	2008	35.00%
1979	70.00%	1994	39.60%	2009	35.00%
1980	70.00%	1995	39.60%		
1981	69.13%	1996	39.60%		

资料来源：尤金·史特力和约瑟夫·佩奇慢，税收联合委员会，《2003年就业和税收减免调和法案的会议协议总结》，编号JCX-54-03，2003年5月22日；已修订的国税局税收计划

第6章

收入平等：最早期的效率标准

不是帕累托有效的：富人缴税太多
(或曰拉弗的餐巾纸)

1974年的一天，芝加哥大学的一位经济学家阿瑟·拉弗[①]前往华盛顿，准备与杰拉尔德·福特总统的白宫办公厅主任唐纳德·拉姆斯菲尔德会面。拉弗有一个新理论，是关于高税率为什么是高得没有效率的。这是《华尔街日报》记者裘德·万尼斯基说服拉姆斯菲尔德与拉弗见面的。但是在最后一刻，拉姆斯菲尔德改变了主意，决定自己不去见面，还把面谈地点改在白宫之外的地方。去见面的

[①] 阿瑟·拉弗，美国经济学家，南加州大学教授，供应学派的代表人物，以"拉弗曲线"著称于世，曾担任里根总统的经济顾问，为里根政府推行减税政策出谋划策。

第一部分
经济效率与政府角色

是他的副手迪克·切尼。在一个酒吧里，拉弗在一张餐巾纸上画了一幅图，说明为什么向富人征税"太多"对国家没好处。无论是拉姆斯菲尔德还是切尼，均没有按照拉弗的理论[1]行事。福特总统没有提议削减税收，在他的任期内最高边际税率一直保持在70%的高位。然而，当1981年那张餐巾纸落到里根总统手里的时候，事情发生了变化。

拉弗所画图的一个版本如图6.1所示。那张餐巾纸本身并没有保存下来，如今，任何一条表明把税率提高到一定程度而导致税收减少的曲线，都被称为拉弗曲线。在我们的描述中，最大税收税率——在此税率下可课征到最多的税收——画在50%税率处，不过这完全是随意规定的。我们将会在后文中看到，最高实际税率必然接近于100%。这就是用以证明罗纳德·里根的大幅减税是合理的拉弗曲线。

那么，根据拉弗的理论，为什么较高的税率会导致税收下降呢？因为这会致使富人缩短工作时间，而当他们赚得比以前更少时，他们缴纳的税就会减少（这个论证并不适用于贫穷的工人，因为当税率提高时，他们必须比以前更努力地工作，才能满足他们的基本需要）。在拉弗看来，较低的税率会带来更多的税入，这意味着高税率是帕累托无效的。

拉弗的理论有一个特别聪明之处，那就是它告别了我们对税收和政府支出之间关系的常规理解。他声称，政府在较低的税率下能

第6章 收入平等：最早期的效率标准

够课征到更多的税收，使得看起来在同一时间既亲政府又反政府的税收是可能的。

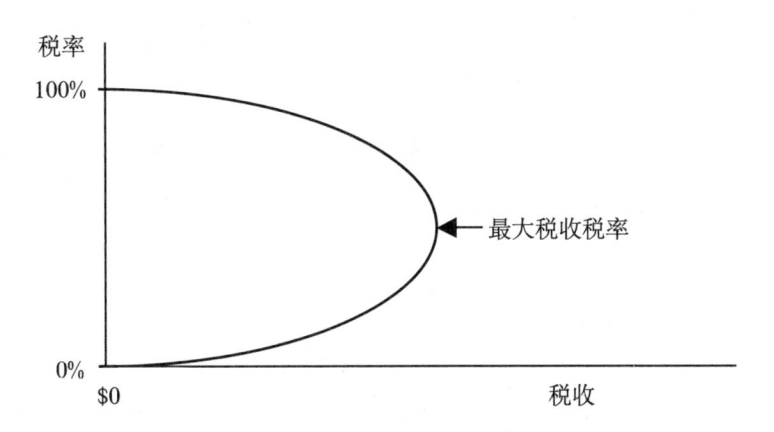

图6.1 拉弗曲线

图片来源：美联社图片

图6.2 阿瑟·拉弗（1940—）

第一部分
经济效率与政府角色

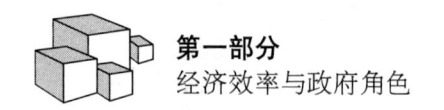

若降低最高税率，所征税收真的会增加吗？这是一个实证问题，我们将在下文考察这方面的证据。但是，没人能够真正相信，里根执政时期通过的大幅减税会增加税收。从1981年到1988年，最高税率从50%下降到28%。假设一名富有的个人每周工作60个小时，其中进入收入的40小时劳动所得即100万美元须按最高纳税等级缴税。[2]当最高税率为50%时，政府能够从这100万美元中课征50万美元的税收。而当税率为28%时，政府要想从这同一个个人那里征收到相同的50万美元，这个人就得挣到位于最高纳税等级中的180万美元，或者说他将不得不每周再额外工作31个小时。换句话说，通过拉弗曲线证明，20世纪80年代的减税具有正当性是一个诡计。

马丁·费尔德斯坦，这个人我们在前面已经提过了，他在1982年成为里根的经济顾问委员会主席，里根的减税政策正是在他的任职期间执行的。然而，在1986年的一篇文章中，费尔德斯坦披露说他从不相信拉弗："所谓由于减税将会把备受压抑的供给努力释放出来，从而能够实际增加税收收入的'拉弗曲线'命题，是对供给端的高度夸张。"[3]但是这被作为最高机密秘而不宣。1981年，里根总统向美国人允诺，他的税收和开支削减政策将会刺激经济以每年近5%的速度增长。[4]费尔德斯坦不管是在上任之前还是上任之后都没有反对过减税。

税收减免之后收集的证据显示，这位经济顾问委员会主席知道

第6章
收入平等：最早期的效率标准

"政府不能解决问题，政府本身就是问题所在。"
图片来源：承蒙罗纳德·里根图书馆提供照片

图6.3　里根总统会见媒体记者谈论《经济复兴税法》，加利福尼亚，1981年

自己什么时候配合了减税政策的实施。里根的所有三个说法都是错误的。富人在减税之后工作努力程度的增加是微乎其微的。[5] 如表6.1所示，税收收入在1948～1979年间以2%的速度强劲增长，而这一时期最高税率从70%～91%不等，而在接下来的10年里，税收收入增长率下降至0%；经济增速在高税率年份也高于低税率年份。[6] 在20世纪90年代，税率有所上升，因而税收收入相应增加就不足为奇了。

第一部分 经济效率与政府角色

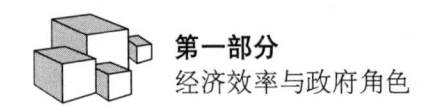

表6.1　　　　　　　　　某些时期的经济和收入增长

（所有经济和收入数据均以经通胀和人口增长调整后的年均增长率表示，即人均增长率）

财政年度	GDP 增长率	所得税收入增长率
1947—79	2.4%	1.89%
1979—90	2.0%	0.2%
1990—2000	2.0%	4.2%
2000—2015	2.0%	0.1%

数据来源：理查德·科根，"一个简单的故事：减税使收入受损"，预算与政策优先事项中心，2004年，http://www.cbpp.org/1-25-05bud2.htm。

谁为拉弗曲线买单

由于20世纪80年代税收收入的增速慢于GDP增速，联邦政府开始削减政府开支。无疑，在费尔德斯坦的要求下，第一步是削减帕累托无效的项目。孩子们从免费学校午餐计划中被移除，[7]可用的公共住房和住房补贴被大幅削减，[8]联邦政府在教育支出中的份额从12%下降到6%（缺口由州政府和地方政府买单补足）。[9]残障人群也从社会保障名单中被移除，尽管残障救济金实际上是帕累托有效的。[10]民用目的的政府支出，包括社会保障和医疗保险，下降了20%，从占国民生产总值的9.3%降至7.4%，因为正如里根喜欢说的那样，"政府不能解决问题，政府本身就是问题所在"。[11]

此外，由于联邦税收收入远远落后于GDP的增长，联邦政府的许多职责被转移到了州政府和地方政府身上，而后者呢，因不愿意

第6章
收入平等：最早期的效率标准

提高他们自身区域的税收，则通过削减服务和完全摆脱责任来应对。

最贫穷的民众受到了最沉重的打击。由于福利改革，福利变成了地方的职责。举例来说，在纽约市，这意味着在2001～2006年间，接受政府援助的民众数量减少了10.03万人，而贫困人数则增加了6万人（其中成年人5.2万，儿童8 000）。[12]在全国范围内，各州把国家福利补助金转移到其他计划上，这实际上是盗取穷人的钱财为州预算提供资金。[13]但是，最贫穷的民众并不是唯一为低联邦税率买单的。在纽约市，纽约市立大学四年制学院的学费1992年上涨了37%，1993年32%，1996年31%，2004年25%，12年间累计上涨了96%。[14]在全国范围内，1981～2005年间，各州立大学的学费上涨了472%。[15]而个人所得在同一时期只增加了132%，不到学费涨幅的三分之一（私立大学的学费上涨了419%)[16]。

联邦政府一直在把自己的职责转移给较低层级的政府，而地方政府由于下面再没有更低的层级，则一直在把自己的职责转移到私人领域。现在，全国各地的市政府以商业促进区（BID）①的形式提供一揽子服务和税收，商业促进区是为给市政府提供财源的社区量身打造的，以使富人补贴穷人的事情不会发生。社区越富，其街面就越干净、越安全；在最富裕的社区中，商业促进区更换了城市安

---

① BID是一种改善繁华区或市中心经营环境的合作关系——方式类似于购物中心管理者在大型现代商场所做的那样。各BID规模各异，但一般包含数百个商铺，它们共同支持一项商业计划用以开展一系列活动，一般按一定费率向每个商铺征收活动费。

第一部分
经济效率与政府角色

置的不雅观的垃圾桶，增添式样新颖的照明设施，派出友好的保安对街道进行巡逻。所以，最近的一项研究发现，在洛杉矶，已建成商业促进区的社区犯罪率较低，就一点儿也不奇怪了。[17]在纽约市，公园现在也是私有的。富裕的社区提供资金对"他们"的而不是任何其他人的公园进行维护。我们还不要忘记纽约的救护车系统。它过去是公共的，但现在被私立医院的救护车"增强了"，结果是，救护车在富裕的社区变得随处可见，它们随时准备把参保并付费的病人送往私立医院，把未参保和不付钱的病人送到公立医院，根本不管医院的远近。贫穷的社区则任由它们去依靠公共救护车系统以及现在付费患者少得多的公共医院。[18]

由于高税收，富人消费着额外津贴

将近30年之后，里根的减税措施仍然与我们相伴相随，但是奥巴马总统扬言要在当前的衰退结束之后废除它们。反对财富再分配的人一直在准备新的弹药，来对付就实施了这么短时间的较高税率。表明降低税率并未鼓励富人更努力工作的数据刚刚发布，马丁·费尔德斯坦又提出了一个理由，来解释为什么高税率对"经济"有害。根据他的说法，在里根执政之前的时期税率较高，公司高管们为了避税，以"额外津贴"而非工资的形式取得收入。[19]

这些津贴对股东来说通常代价极其高昂。额外津贴包括公司专

第6章
收入平等：最早期的效率标准

机、专用餐厅、特殊的健康护理、名牌浴帘、给首席执行官的妻子举办盛大的生日聚会等。按照经济学家的说法，这些特殊津贴是帕累托无效的，因为公司高管们并不真的需要它们。一架公司专机的价格高达数百万美元，按照经济学家的说法，首席执行官们肯定会乐意用它们来换取数额低得多的现金。费尔德斯坦辩解说，因为税率现在更低，首席执行官们不反对高工资，结果，高管们对额外津贴的消费就会更低。

你可能认为费尔德斯坦会提供有关里根减税前后额外津贴的消费数据来支持自己的说法，可是他没有。他认为，美国在减税后收入不平等增加的事实，就是表明管理层的额外津贴消费已经减少的证据。如果高管们增加消费的唯一方法是削减其额外津贴的消费，那么费尔德斯坦的逻辑就是令人信服的。但是在现实生活中，高管们可以既提高他们的薪酬，又在同一时间增加其特殊津贴的消费。在2005年之前，公司还可以通过把这些额外津贴简单地归类为经营费用来隐藏它们。但证券交易委员会对财务报告的要求的改变揭开了这层面纱，这导致《商业周刊》刊登了一个故事，名为"高管津贴：丑陋的图画浮现"。[20] 消息的披露只不过证实了至少大多数人的怀疑。即使是较低的税收和更高的收入，高管们照样被给予了从公司专机的个人使用到乡村俱乐部会员资格的一切，甚至在他们退休之后依然如此。正如费尔德斯坦声称肯定会发生的那样，在1991～2002年间，拥有公司专机的公司数量非但没有减少，反而增加了55家。[21] 2007年，《纽约时报》报道，俄勒冈州有一个高尔

第一部分
经济效率与政府角色

夫球场,那是每年起落五千架次的公司专机的目的地(为此兴建了一个几乎专用于该高尔夫球场的机场,并由纳税人和普通航空旅客的钱来维护)。[22] 不过,关于不平等度的提高,费尔德斯坦却说对了。在1990～2004年间,以工人的工资来衡量,高管们的"报酬"增加了4倍(图6.4)。即便额外津贴的消费完全消失,也占不到这个变化的一个零头。

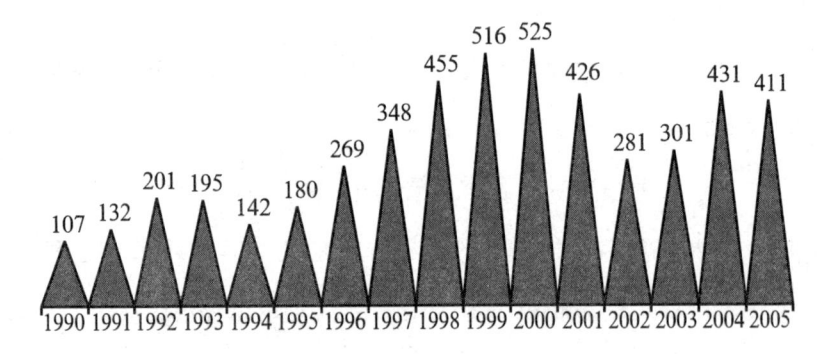

资料来源:莎拉·安德森和约翰·卡瓦纳(华盛顿政策研究所)、斯科特·克林格和莉兹·斯坦顿(团结追求经济公平组织),"高管的贪婪,1990-2005"。

图6.4 平均高管薪酬对生产工人平均工资的比率,1990-2005

社会产品蛋糕

不平等不仅仅是对社会产品蛋糕如何切分的描述,它也是决定着这块蛋糕有多大的一个因素。在接下来的两章中我们将会看到,

第6章
收入平等：最早期的效率标准

不平等本身就会造成产品蛋糕更小。

第七章讨论私人市场提供的产品。结果表明，由于不平等，摇滚明星最好是在私人聚会中的小众面前而不是在公共场所面对大群观众进行表演；房地产开发商最好是建造数量不多的大得超乎想象的公寓，而不是大量常规大小的公寓；航空公司最好只向屈指可数的乘客提供宽敞的卧床，而不是向所有乘客提供只够容身的座位；医生最好为少部分患者细致耐心地看病，而不是为较多数量的在其他情况下只能找护士瞧一瞧的患者看病；制药厂最好把救命类药物的供应保持在低位，即便这意味着成千上万的人死亡。

第八章讨论由政府提供的产品和服务，并把注意力聚焦在以我们的生活质量、教育质量为中心的服务上。结果表明，由于不平等，公共教育的总体质量低下，在为跨学区公共教育提供资金方面差异很大。

不平等能够使得社会产品蛋糕更小，然而这块蛋糕的大小，经济学家不是根据它包含多少物质而是根据它的价格来度量的。因此，当大部分人切身体会到衰退的时候，经济学家却度量为经济增长，这是完全有可能的。

注　释

1. 裘德·万尼斯基，"概述拉弗曲线"，《约克敦爱国者》（丹佛，科罗拉多），2005 年 6 月 14 日，http：//www.yorktownpatriot.com/printer_78.shtml (2009 年 5 月 26 日查阅)。
2. 当所得税为累进税时，个人收入的每个税率等级须缴纳不同的税率。若年收

第一部分
经济效率与政府角色

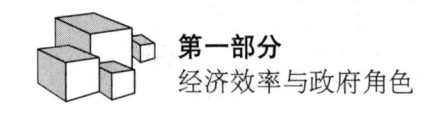

入低于 50 万美元须缴纳 25% 的税率，且高于 50 万美元的须缴纳 50% 的税率，那么年收入 100 万美元的人须缴税 37.5 万美元。

3. 马丁·费尔德斯坦，"供给经济学：老真理，新主张"（工作报告 1792，国家经济研究局，坎布里奇，麻省，1986 年 1 月），页 4。

4. 总统罗纳德·里根，"美国的新开端：经济复兴计划"，白宫，1981 年 2 月 18 日，S—1，http：//www.presidency.ucsb.edu/ws/index.php?pid=43427（2009 年 5 月 29 日查阅）。

5. 参阅载于奥斯坦·古斯比的对证据的总结，"来自六十年税改的高收入拉弗曲线证据"，《布鲁金斯经济活动报告》，第 2 辑（1999 年）。

6. 理查德·科根，"小故事：减税致收入缩减"，预算与政策优先事项中心，2004 年，http：//www.cbpp.org/1-25-05bud2.htm（2009 年 5 月 26 日查阅）。

7. 朱莉·沃尔夫，"1982 年衰退"，《美国印象：一个国家的记忆》，公共电视网（PBS），日期不详，http：//www.pbs.org/wgbh/amex/reagan/peopleevents/pande06.html（2009 年 5 月 26 日查阅）。

8. 彼得·德瑞尔："里根的遗产：在美国无家可归"，美国住房协会，2004 年 5—6 月，Http：//www.nhi.org/online/issues/135/reagan.html（2009 年 5 月 26 日查阅）。

9. 加里·克拉伯夫，"罗纳德·里根的教育遗产"，《教育地平线》，2004 年夏，http：//www.newfoundations.com/Clabaugh/CuttingEdge/Reagan.html（2009 年 5 月 26 日查阅）。

10. 希瑟·麦克唐纳，"福利的下一个越南"，《城市杂志》，1995 年冬，http：//www.city-journal.org/html/5_1_a1.html（2009 年 5 月 26 日查阅）。

11. 费尔德斯坦，"供应经济学"，1986 年 1 月，页 3。

12. 人口普查局，《美国社区调查》，2001 年，2006 年；纽约市，"市长管理报告"，2001 年，2006 年。

13. 詹妮弗·弗里德林，"福利系列：阻碍补助金发放将使州预算捉襟见肘"，《妇

第6章
收入平等：最早期的效率标准

女电子新闻》，2004年9月3日，http://www.womensenews.org/article.cfm/dyn/aid/1974/context/archive（2009年5月26日查阅）。

14. 保罗·罗帕托，"州收入比例下降时纽约市立大学的学费收入上涨"，纽约市独立预算办公室，2006年7月，http://www.ibo.nyc.ny.us/iboreports/CUNY_FBjul2006.pdf（2009年5月26日查阅）。

15. "表319：向隶属于有权颁发学位证书院校的全日制学生收取的本科生平均学杂费和食宿费率，按类型和控制分"，全国教育统计中心，日期不详，http://nces.ed.gov/programs/digest/d06/tables/xls/tabn319.xls（2009年5月26日查阅）。

16. 美国人口普查局，"历年居民收入表，表P-2：种族和拉美族裔，按收入和性别分：1947—2005"，《即期人口调查》，2008年3月，http://www.census.gov/hhes/www/income/histinc/p02.html（2009年5月26日查阅）。

17. 卡拉·米娅·黛马萨和理查德·温顿，"洛杉矶的商业促进区帮助减少犯罪，研究发现"，《洛杉矶时报》，2009年2月20日。

18. 黛安娜·卡德威尔，"报道说救护车拉到他们自己的医院"，《纽约时报》，2001年6月27日。

19. 马丁·费尔德斯坦，"边际税率对应税收的影响：对1986年税改的专题研究"，《政治经济学期刊》卷103，第3期（1995年6月），页551–71。

20. 路易·拉维勒和罗纳德·格罗弗，"高管津贴：丑陋的图画浮现"，《商业周刊》，2005年4月27日。

21. 迪恩·高桥，"惠普为其高管租了两架飞机"，《圣荷塞信使报》，2003年9月23日，第1版。

22. 大卫·凯·约翰斯顿，"助推美好生活"，《纽约时报》，2007年6月15日。

第7章

私人提供的产品

垄　　断

我们一直受到教导要把垄断看作是对消费者有害的。正如帕克兄弟公司的一款游戏①似乎证明的那样，垄断了最大市场的人最终赚到最多的钱。但是，垄断本身并非天生就是有害的。垄断者所以垄断市场，往往是因为当所有的消费者都使用相同产品的时候使成本最小，或者是因为垄断者生产出了最好的产品，且消费者喜欢它胜过其他一切产品。尽管如此，垄断者是反社会的：他们收取的价格太高，从而把较穷的顾客排除在外。

---

① 帕克兄弟公司是一个玩具和游戏生产商和品牌，自1883年成立以来推出了1800多款游戏，其中最为知名的产品为"垄断"、"风险"、"抱歉！"等。这里指"垄断"。

正如本节显示的,垄断无处不在,因而这个问题不容忽视。此外,因垄断商品索价高而被排除在外的消费者不只是穷人,也包括中产阶级。可是,对每件垄断商品所收取的价格进行调控并没有实际的解决之道。因为很简单,垄断商品太多了。然而,垄断者收取较高价格,不只是由于其垄断权——垄断权本身确实是存在之物,而是因为它使顾客面临着一种不平等的收入分配情况。减少不平等,尽管这可能很困难,但也许是解决垄断问题最切实可行的办法。

垄断者索价太高而卖得太少

为了分析垄断者的行为,我们考虑一个高度程式化的早餐麦片市场的例子。我们假设,生产一盒麦片的成本是1.00美元,而且生产商通常赚取一半成本的加成,这在我们的例子中就是50美分。同时假定表7.1代表消费者的心理价位,且每位消费者就需要一盒麦片。有了这些心理价位,那么,一盒麦片的价格将是多少?总共能售出多少盒麦片呢?

表7.1 对早餐麦片的心理价位 (单位:美元)

消费者	A	B	C	D	E	F	G	H	I
心理价位	5.00	4.50	4.00	3.50	3.00	2.50	2.00	1.50	1.00

我们先考察市场是竞争性的情况。所谓产品市场是竞争性的,是指在任何时候,至少有一个卖者愿意以能够覆盖生产成本外加正常加成的价格,尽可能地把自己的产品销售出去,多多益善。在这些条件下,麦片的市场价格将是1.50美元/盒,且将有七到八盒麦

片被人购买，这取决于买者 H 作出怎样的决定，他对于买或不买在两可之间。

现在假设市场上只有一个卖者。这个垄断者会收取多少价格，她能够售出多少盒麦片呢？表 7.2 显示了这个垄断者的盘算。如果每盒要价 5.00 美元，她就只能售出一盒，她的利润将是 3.50 美元（与任何其他卖者一样，这个垄断者期望至少每盒赚到正常的加成，这就是为什么我们把加成包括在成本中的原因）。如果每盒收取 4.50 美元，她将能够售出两盒，她的利润将是 6.00 美元。该表显示，当价格定在 3.50 美元／盒的时候，可实现最大的利润，这名垄断者只能售出四盒。换句话说，与竞争性市场的均衡情况相比，垄断者收取的价格越高，所能售出的数量越少。

表7.2　　　　　早餐麦片市场的垄断　　　　　（单位：美元）

消费者	A	B	C	D	E	F	G	H	I
心里价位	5.00	4.50	4.00	3.50	3.00	2.50	2.00	1.50	1.00
收入	5.00	9.00	12.00	14.00	15.00	15.00	14.00	12.00	9.00
总成本（含加成）	1.50	3.00	4.50	6.00	7.50	9.00	10.50	12.00	13.50
利润	3.50	6.00	7.50	8.00	7.50	6.00	3.50	0.00	−4.50

不过，这个垄断者的麦片销售行为并不是帕累托有效的，因为存在这样一种分配局面，即至少有一名消费者在不致使任何其他消费者或卖者吃亏的情况下获益了。在这种分配局面下，消费者 A 到 D 继续支付 3.50 美元／盒，而消费者 E 到 H 只支付 1.50 美元／盒。在这种情况下，没有人吃亏，但消费者 E 到 G 获益了。

吊诡的是，若该垄断者更加强势的话，其帕累托无效的情况就会

第一部分
经济效率与政府角色

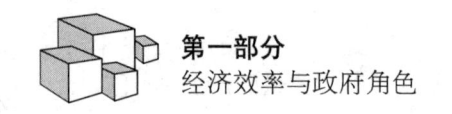

消失。假设垄断者不仅了解麦片的市场需求，而且知道每个人的心理价位，那么，她就能以每个买者的心理价位出售给相应的买者。消费者 A 将支付 5.00 美元／盒，消费者 B 将支付 4.50 美元／盒，依此类推。在这种情况下，这个垄断者的利润将翻一番，达 16 美元，而不是原来的 8 美元。但是，由于 8 盒已经售出，这种分配是帕累托有效的。

能够向每名顾客收取不同价格的垄断者被称为"价格歧视型垄断者"。这样的垄断者能够以利润的形式，把消费者在市场是竞争性的情况下所能享有的全部剩余转移给自己。然而，如果针对政府政策的标准是帕累托有效的，那就不能保证有任何反对价格歧视型垄断者的行动了。另一方面，对于功利主义者而言，若存在着剥削他人的额外权力，这就要求政府进行更多的监管，而不是更少。我们将在下面更详细地讨论对垄断的监管。

那么，早餐麦片生产商的垄断权力来源于何处呢？推测起来是他"把"市场"逼到了死角"。但这种类型的垄断实际上是很罕见的。微软是当今世界上最大的垄断者，但它并不是通过出钱使竞争对手放弃竞争而达到垄断的。在美国政府起诉该软件制造商的一个诉讼案件中，政府证明微软通过使自己的 IE 浏览器比网景浏览器在视窗操作系统上更易于使用，一举取代网景公司而成为网络浏览器的主要供应商。然而，庭审也明确指出，即使微软没有滥用其权力，一个主要的浏览器也会存活下来。微软的一切非法和不公平行为的确决定着哪个浏览器将占主导地位。在这种情况下，当存在垄断时，消费者获益了，因为所有计算机上运行的是同一个浏览器。因

第7章
私人提供的产品

此，在微软被判处垄断市场罪 8 年之后，IE 浏览器的市场份额仍高达 70% 就不足为奇了。[1]

当存在一个单一的生产商，它使生产成本减至最低的时候，垄断者也会出现。以药物生产为例。测试一种药物的疗效和安全性是很昂贵的。如果一种针对某种特定病情的药物已经存在，其他制造商就不愿意引进治疗同样病情的新药物，因为新药物也得作测试。若市场由两个卖者分食，则每个卖者的客户都更少，而且，为了覆盖每种药物的测试成本，这两种药物的价格均必须高于那单一药物的价格。这可能引发卖者之间的价格战，直到最终只有一个卖者存活下来。

最后，当人们相信某个产品比所有其他同类产品都更好的时候，这个产品最终也会在市场上占主导地位。能够降低胆固醇含量的立普妥是世界上最畅销的药物，年销售额近 110 亿美元，但并不是由于缺乏竞争。[2] 淹没在辉瑞公司铺天盖地的广告之下，消费者现在认为，立普妥的疗效比其他药物都好。

当然，垄断商品能够收取如此之高的价格，以致把一些消费者挡在门外，其原因是垄断商品不会面对任何竞争。可是，垄断商品想要收取如此之高的价格的原因却各不相同。当收入分配不平等的时候，垄断者只是想把消费者挡在门外，而且不平等程度越高，它想要挡在门外的人数就越多。早餐麦片的例子可以用来说明这一点。在表 7.3 中，各心理价位之间的差异比较小，最穷的消费者也不如表 7.2 中的消费者穷。表 7.3 中各心理价位的范围在 2.00 美元至 2.80 美元之间，相较之下，表 7.2 中的范围为 1.50 美元至 5.00 美元，而

第一部分
经济效率与政府角色

且由于采用新的分配策略，该垄断者将能出售 7 盒麦片而不是原来的 4 盒，每盒收取的价格为 2.20 美元而不是原来的 3.50 美元。

表7.3　　　　具有较小不平等性的早餐麦片市场　　　　（单位：美元）

消费者	A	B	C	D	E	F	G	H	I
保留价格	2.80	2.70	2.60	2.50	2.40	2.30	2.20	2.10	2.00
收入	2.80	5.40	7.80	10.00	12.00	13.80	15.40	16.80	18.00
总成本（含加成）	1.50	3.00	4.50	6.00	7.50	9.00	10.50	12.00	13.50
利润	1.30	2.40	3.30	4.00	4.50	4.80	4.90	4.80	4.50

当富人和穷人之间的收入差距较小时，垄断者若只销售给富人是得不到多少赚头的。但当差距很大时，穷人出得起的价格可能比富人出得起的价格低得多，以致垄断者最好是把穷人完全忽略掉。当然，什么人算是穷人，这取决于确切的不平等程度。当富人十分富有时，垄断者可能只向他们销售东西，连中产阶级都被完全排除在外了。

在过去的 25 年间，美国的不平等程度大幅增加。1979 年，收入分配排在前 5% 的美国人的平均收入是排在后 20% 的美国人的收入的 11 倍；而到 2000 年，这个比例是 19∶1。[3] 垄断和不平等相结合的后果在我们周围随处可见。

例如，在娱乐方面，中产阶级观众现在只得满足于更少的现场演唱会，因为摇滚明星现在收取更高的价格，演出次数更少，就能赚到更多的钱。根据经济学家艾伦·克鲁格[①]收集的数据，在

---

① 艾伦·克鲁格，普林斯顿大学劳动经济学教授。1994—1995 年在比尔·克林顿政府劳工部担任首席经济学家。2011 年 8 月被美国总统奥巴马提名为白宫经济顾问委员会主席。

第7章
私人提供的产品

1992—2003年间，摇滚明星演出的场次减少了14%，而他们的门票价格则大幅提高，以至于尽管他们的演出次数减少了，其实际美元收入却增加了20%。允许他们这么做的是不平等程度的提高。为了吸纳富人新的购买力，明星们开始进行价格歧视。20世纪80年代初，在大型场所（超过25 000个座位）举办的摇滚音乐会，有73%对所有的座位收取同样的价格。在这些演唱会上，铁杆粉丝为了能够坐上一个好座位，愿意早早前来排队入场。但是到了2003年，只有26%实行这种策略了。随着不平等程度的增加，好坏座位之间的价差相应拉大。最好的座位的价格涨幅最大：在1996—2003年间，上涨了10.7%，而最低门票的价格只上涨了6.7%，[4]因此，中产阶级观众现在只好满足于较差的座位和更少的演出了。

使娱乐业的发展显得特别有趣的是，甚至那些明星演出的次数是否更少都不确定；很可能他们实际上做了更多的演出，但面向的是更少、更富有的人。2005年，滚石乐队①为私人生日聚会演出时，一次未公开的出场费据说在675万美元和1 000万美元之间，而保罗·麦卡特尼②的出场费就实在太便宜了，每次100万美元。埃尔

---

① 滚石乐队，音乐史上最杰出的乐队之一，流行乐史上最重要的乐队之一，摇滚史上最有影响的乐队之一，对后来的重型摇滚乐产生了重要影响。
② 保罗·麦卡特尼，被认为是20世纪顶级的音乐标志，被吉尼斯世界纪录列为史上最成功的作曲人。他总共撰写或协助撰写了超过50首十大热门歌曲。其歌曲Yesterday是史上被灌录次数最多的歌曲。是位在歌唱、吉他、低音吉他、钢琴以及打鼓都很有成就和才能的人。

第一部分
经济效率与政府角色

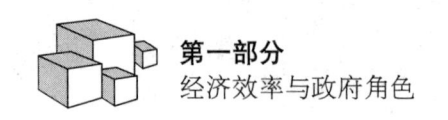

顿·约翰[①]的收费排在中间，一次 90 分钟的演出 150 万美元，尼尔·萨达卡[②]、B-52's 乐队[③]、蓝色旅客乐队[④]、比利·乔[⑤]都做过私人聚会演出，出场费未公开。[5]因此，与我们上面的分析不同，垄断权力与不平等相结合并不必然导致较低的生产水平。现场演出次数可能相同，但是观众人数减少了，因为富人更喜欢"独乐乐"。

对于公众音乐会次数的减少，克鲁格本人最喜欢的解释是不在于收入不平等程度的增加，而在于一些消费者现在免费从互联网上下载音乐这一事实。明星们通过减少演出次数和收取更高的费用来弥补 CD 销量的损失。但 CD 销量的减少对演出次数的影响，就其本身而言是由收入分配决定的。例如，大卫·鲍威[⑥]就认为自己必须演出更多的场次才能弥补收入损失："你们最好做好准备做大量的旅行演出，"他建议自己的搭档们，"因为这才真的是我们唯一的出路。"[6]鲍威似乎没有意识到，由于贫富差距日益扩大，他可以通过收取更多费用而不是靠演出更多场次来弥补收入损失。

[①] 埃尔顿·约翰，被誉为"英国乐坛常青树"，是史上最成功最流行的艺人之一。
[①] 尼尔·萨达卡，美国著名流行歌手、钢琴家和词曲作者。
[③] B-52's，一支 5 人组合，他们的歌声欢快活泼，歌词平易近人。
[④] 蓝色旅客乐队，受多种风格影响的摇滚乐队，1994 年推出第四张录音室专辑之后才获得主流大众的接受。
[⑤] 比利·乔，20 世纪 70 年代末和 80 年代美国最具商业价值的歌手兼词曲作者，给世人留下了一连串的白金销量的专辑和单曲。
[⑥] 大卫·鲍威，摇滚史上的传奇人物之一。是英国代表性的音乐家，与披头士、皇后合唱团并列为英国 20 世纪最重要的摇滚明星，并在 2000 年被 NME 杂志评为 20 世纪最具影响力的艺人。

第7章
私人提供的产品

如前所述,艾滋病治疗上的不平等和垄断的结合已经造成灾难性的后果。发达国家和第三世界的患者在心理价位上的差异十分巨大,结果,只够满足发达国家市场的艾滋病药物被生产出来。第三世界数以百万计的艾滋病患者年纪不老便垂垂待死,不是因为他们穷,而是因为他们比发达国家的人更穷。不平等使产品蛋糕更小。

垄断能够被控制吗?

虽然收入平等提供了一个解决垄断问题的长远之策,但还需要一个过渡性的解决方案。当某种垄断情况无法避免(经济学家称之为"自然垄断")时,经济学家建议政府应该强制垄断者收取在市场处于自由竞争情况下流行的价格。但经济权力与政治权力紧密相连并相互勾结,控制垄断者所收取的价格常常是不可能的。例如,再没有什么比药品价格由政府确定更无可非议的了。政府科学家经常开发这类药物,在其他情况下,政府对于能够导致新药物开发或临床试验的研究进行资助。[7]但是,美国政府非但不控制药品垄断,其所作所为反而实际上是去保护这些公司的虚高价格。

1998年,当时的南非总统纳尔逊·曼德拉[①]签署了一项允许南

---

① 纳尔逊·曼德拉,南非首位黑人总统(1994—1999),被尊称为南非国父,曾成功组织并领导了"蔑视不公正法令运动",在其40年的政治生涯中获得了超过一百项奖项,其中最著名的是1993年的诺贝尔和平奖。

第一部分
经济效率与政府角色

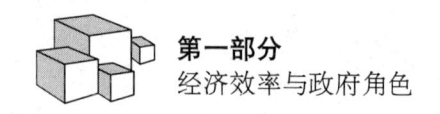

非制药公司生产艾滋病仿制药物的法律。这项法律本该会被美国认可为符合世界贸易组织规则——允许在国家紧急状态下"强制许可"。但美国没有这么做，美国各级政府人士反而纷纷抨击南非的提案。众议员罗德尼·弗里林海森（R-NJ）成功地推动国会通过了一项暂时停止对南非的外国援助的法律；美国知识产权助理贸易代表乔·帕波维奇宣称，"我们对强制许可持反对态度。我们认为拥有新发明权的公司应该有权按他们想要的方式将新发明推向市场"；美国贸易代表查琳·巴尔舍夫斯基拒绝对南非出口到美国的产品给予特别优惠关税待遇；副总统阿尔·戈尔亲自出面，在与曼德拉会面时向后者施压[8]（当阿尔·戈尔2000年参加总统竞选时，他支持过的制药公司纷纷慷慨解囊）。

1999年12月，克林顿总统最终颁布了一道模糊的支持向第三世界销售廉价药物的声明。南非没有实施那部法律，但在2001年，抗艾滋病药物AZT的主要制造商葛兰素史克①同意授权一家南非制造商生产AZT，条件是该药物只能在南非销售，而且葛兰素史克对全部销售收入收取30%的使用许可费。[9]

其他国家艾滋病患者的困境并没有像南非的那样获得公众的关注，葛兰素史克也没有在艾滋病活动人士的明确要求之外作任何让

---

① 葛兰素史克，由两大制药巨头葛兰素威康和史克必成于2000年12月联合成立，在全球药品市场中占据了7%的份额。其在抗感染、中枢神经系统、呼吸和胃肠道/代谢四大医疗领域代表当今世界的最高水平，在疫苗领域和抗肿瘤药物方面也雄居行业榜首，占据目前市场上100吨AZT中80%的市场份额。

第7章
私人提供的产品

步。美国政府就其本身而言,没做任何事情来进一步控制垄断者,尽管葛兰素史克用以大赚特赚的药物是政府资助的研究人员发明的(AZT是密歇根州癌症研究所和杜克大学的研究人员发现的,他们得到了国家癌症研究所的资助)。

在对付制药公司方面,乔治·布什总统一点儿也不比他的前任克林顿总统强。在美国国内,医疗保险在2003年增加了有限的药物覆盖,但新法要求联邦政府不得谈判压低药品价格。虚高的药物价格是导致健康保险费用居高不下的部分原因,它们超出了如此之多无资格参加联邦医疗保险的美国人的支付能力,联邦政府的医疗保险成本将在2014年达到1 000亿美元,这使得留给预算内其他计划的钱没有多少。[10]

未能控制垄断商品所收取的价格并不限于制药行业。政府也没有控制住微软的视窗操作系统的价格,即使视窗的垄断地位并不是由于其产品的优越性(多年来,苹果的Mac OS操作系统被大部分人认为更出众)而是由于消费者需要一个普遍的标准。石油公司在美国入侵伊拉克之后的几年里,收获了创纪录的利润,然而,即便是在中期选举年份的2006年,美国国会也未能通过税收征缴他们的垄断利润。

2004年,美国民主党总统候选人丹尼斯·库钦奇提出了一个用以解决制药公司垄断问题的方案,它也可以应用于其他垄断。按照库钦奇的说法,政府应该加强自身对药品研发的进一步参与,以使私有的制药公司变得无足轻重。政府将其所有的发现和发明放在公共领域,从而阻止垄断力量的出现。这既不会禁止制药公司生产药

第一部分
经济效率与政府角色

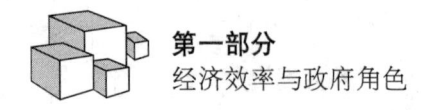

物，也不会禁止专利药物的生产——尽管专利的保护期限可能缩短，但在这样的条件下，公众将会较少受这类公司的摆布，而且能够控制定价以使尽可能多的人受益，而不是使利润最大化。

同样道理，政府可以资助大学开发计算机软件，并要求将这些软件代码公之于众。还可以比如进口和零售汽油，这是芬兰政府一直在做的一件事。当某一产业是自然垄断性产业且对公共福利影响巨大的时候，对公众最好的保护就是实行国家垄断。

零和游戏到处都是

我们的资源是有限的，因此富人拿得越多，给其他人留下的就越少。对于某些商品，富人的消费量和穷人的消费量并不是直接的消长关系。如果富人买了较多的鞋子，这并不一定意味着留给穷人去买的鞋子就更少，因为所生产的鞋子的数量会增加。其他商品的生产可能要减少，但富人所消费的东西和穷人所消费的东西之间此消彼长的关系是间接的。然而，若某产品只有有限的供应，在这种情况下，其此消彼长的关系就是直接的了：富人拿走的越多，留给其他人的就越少。当搭乘飞机或购买房子时，美国中产阶级就会经历这种直接的此消彼长的情况，甚至当他们找医生看病的时候，他们也已经开始体验到了。

第7章
私人提供的产品

飞 机

乘坐飞机经济舱的旅客腿部活动空间是非常小的,因为商务舱和头等舱的座位现在改成了床式座椅。新加坡航空公司新的大型喷气式飞机空客 A380,床式座椅实际上是独立的,结果只能搭载 471 名乘客,而在澳大利亚航空公司同一种机型的飞机上,却能搭载 840 名乘客。[11] 在美国 Eos 航空公司①(2008 年停止营运)的航班上,根本不搭载中产阶级乘客,因为原本载客量为 220 人的 Eos 航班飞机被改装成只能搭载 48 名乘客。当然,若提供的航班是无限的,富人们怎么飞行对于其他乘客都不会产生什么影响。但是机场每一天最多只能容纳有限数量的飞机,当每架飞机所能搭载的人数较少时,能够乘坐飞机的人也就更少了。可是,2008 年的 Eos 公司还不是最惹人生气的,今天的新加坡航空公司也不是。与这类航空公司相比,公司专机搭载的人数甚至更少,在机场耗费的时间甚至更多,因为小飞机必须在位于它们前面的飞机后面等待更长的时间才能起飞(大飞机产生的尾流伴流对小飞机十分危险)。

住 房

当纽约的中产阶级家庭试图在曼哈顿购买房子的时候,他们才会充分意识到自己实际上有多穷。1995—2004 年间,每平方英尺的

---

① Eos 航空,美国一家全商务舱航空公司,总部位于纽约。2008 年 4 月,公司通过其网站发布了申请破产的计划,宣布在 4 月 27 日之后停止客运服务。

第一部分
经济效率与政府角色

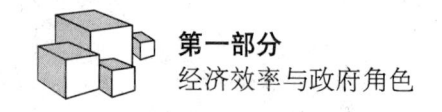

房屋的均价从 324 美元上涨到了 767 美元，涨幅达 137%，相比之下，同一时期的消费者价格指数上升了 24%。重要的是要认识到，中产阶级家庭面临的问题，并不是简单地由于富人家庭现在能够花更多的钱买房子，而是因为富人家庭现在购买了更大的房子。换句话说，问题在于富人使得可供中产阶级购买的房子减少了。这可以用我们的住房市场例子得到最好的解释。

假设在我们的例子中家庭 A 和家庭 B 变富了，对于跟以前同样大小的房子，他们现在的心理价位分别变为 1.2 万美元和 1.05 万美元。由于房屋的总供给量为 6 套，市场租金将和从前一样维持在 1 500～2 250 美元之间，同样的，跟以前一样，家庭 G 将是唯一租不到房子的家庭。然而，如果家庭 A 和家庭 B 的心理价位现在针对的是两倍大的房子，这就相当于市场上多了两个消费者，而且正如下面新的心理价位表所显示的那样，租金将上涨到 3 000～3 750 美元区间。除家庭 G 之外，家庭 E 和家庭 F 也将租不到房子了。

表7.4　　　　　　当富者更富的时候　　　　　（单位：美元）

家庭	A	B	C	D	E	F	G
心理价位	6 000 6 000	5 250 5 250	4 500	3 750	3 000	2 250	1 500

据《纽约时报》报道，富人想要更大的房子，不是因为他们需要更大的空间，而是由于其他人拥有很大的空间。《时报》称之为"大房子之战"。[12] 有几个例子可以说明这种新的风气。英国有一个金融家戴维·马丁内斯，他把占地面积甚大的时代华纳中心的整整

第7章
私人提供的产品

两层楼都买了下来，而且，为了使下层的天花板更高，他让人把两层楼之间的楼板打穿了。[13] 卡尔文·克莱恩所住的房子占据了一座塔楼的整整3层，能够俯瞰切尔西的哈德逊河，而玛莎·斯图亚特占据了同一幢塔楼的两层。[14] 游泳池是最时新的。58街245号E座是一幢公寓大楼，3楼有一个完整的健身房和一个游泳池，而且同一栋大楼顶层的这位住户还有一个16乘25英尺的泳池完全留给她自己。执导了2003年翻拍的《德州电锯杀人狂》的电影导演马库斯·尼斯佩尔，就在其5层楼的联排式住宅内部建了一个游泳池，因为"纽约的空间是某种非常神圣的东西"，他告诉《纽约时报》的大卫·陈。他还喜欢创造美："我热爱水，而且我喜欢那种怎样使之与这座城市相映成趣的主意。"商人乔纳森·雷特斯多夫建议每一个想举办好聚会的人都应该有游泳池，因为他自己就在纽约大学附近一幢三层楼的公寓里拥有一个25乘12乘6英尺的游泳池，这是他的经验（比如希拉里·克林顿就被说服了。她选择了他的公寓作为手下一名资金筹措者的容身之处[15]）。

富人对空间的渴求给中产阶级家庭和穷人带来了实际后果。如下面的图7.1所示，自1995年以来，大型房屋每平方英尺的价格比所有其他房子上涨得要快得多。当然，较大的房屋位于更好的地段，因此其每平方英尺的价格无论如何都更高。但地段因素只能解释不同大小的房屋之间每平方英尺价格最初的差异，而不是这些价格的增长率差异。1995–2004年间，有所变化的不是中央公园的风景，而是收入的不平等。

第一部分
经济效率与政府角色

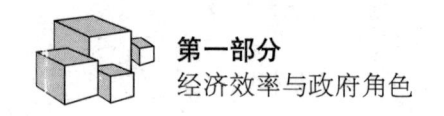

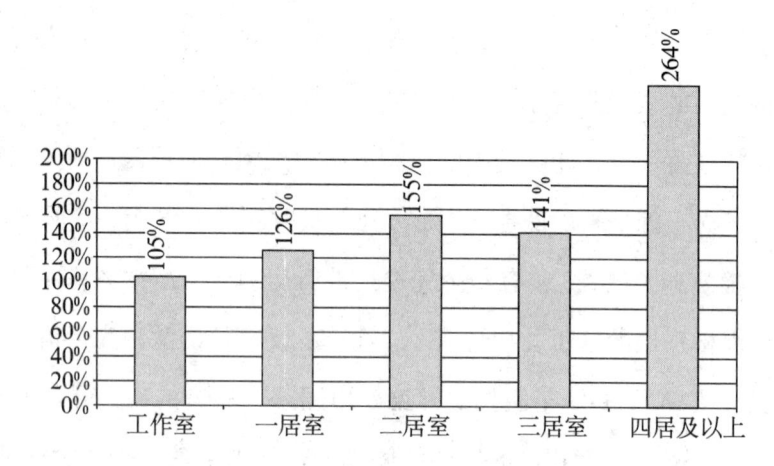

```
264%
200%
180%
160%              155%
140%     126%            141%
120% 105%
100%
 80%
 60%
 40%
 20%
  0%
    工作室  一居室  二居室  三居室  四居及以上
```

资料来源：《普天寿房地产公司①曼哈顿市场报告，1995-2004》

图7.1　1995-2004年间曼哈顿区每平方英尺房价的涨幅

　　房主和开发商就像理性的人会做的那样对这些价格作出了反应。图7.2显示，带三间或更多间卧室的房屋的建筑面积增加了，而工作室、一居室和二居室的建筑面积在同一时期下降了。[16] 我本人的计算表明，如果曼哈顿的房屋面积被限制在1200平方英尺，那么在一栋新房子都不兴建的情况下，用于出售的房屋供应量将会增加35%，用于出租的房屋将会增加20%。

　　不平等程度的增加正在那些以前从未与零和游戏有关联的领域造成短缺。例如，一些医生现在拒绝对所有患者一视同仁，结果是，中产阶级和穷人可能很快就会发现很难找到好医生看病。这种现象目前仍处于起步阶段，但现在有一些医生提出，患者要缴纳年

---

① 普天寿房地产公司：中文全名为"普天寿·道格拉斯·艾丽曼"，纽约最大的房地产服务公司之一，在全美排名前四。

第7章
私人提供的产品

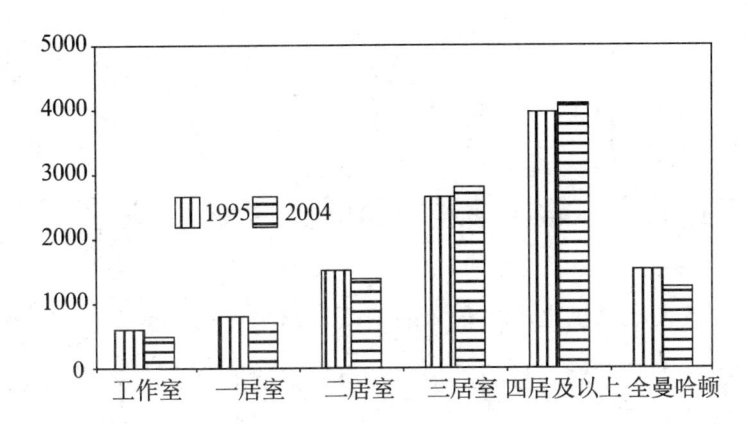

资料来源：《普天寿房地产公司曼哈顿市场报告，1995-2004》

图7.2　按卧室计算的平均居住面积

费才能找这些医生看病，作为回报，医生承诺将来看病不会那么匆忙潦草，而且预约时间或在等候室里等候的时间也不会那么长。大卫·奥格登是加州富有的马林县的一名医生，他向"少数几百名"患者每年收取2 400美元来看病。他另外的2 000名患者只能围着他的护士转，当护士认为自己无法应付局面时，才找他出面。[17] 纽约市的吉尔·巴伦医生写了一封信告知《纽约时报》的编辑，每当看到病人很多时自己就不出诊，每当看到病人较少时自己才出诊，而且对这些病人，她是不接受任何健康保险的。[18]

当然，医生接约即诊及花更多时间看病都是好事，但这是在人均医生数量正在实质性下降且由于婴儿潮一代正在变老因而平均每人需要更多医生的情况下正发生的。预计到2000-2020年间，人均医生数量将下降13%，而在2000-2035年，人口年龄中值将由35.5岁上升到39.1岁。[19] 因此，医生给富人看病的时间较长意味着医生

第一部分
经济效率与政府角色

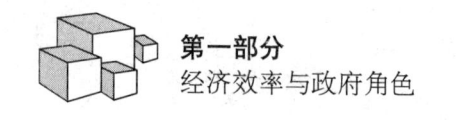

给所有其他人看病的时间较短。

帕累托效率：如何通过喂养更少的人使蛋糕变"大"

少数人在飞机上占据很大的空间，结果其他许多人根本就坐不上飞机。少数家庭在理想的地段拥有宫殿般的房子，结果在这些地段，其他许多家庭就可能根本住不上房子。少数人获得医生更多的看病时间，结果其他许多人反而就不得不满足于围着护士转。令人吊诡的是，根据经济学家度量经济蛋糕之大小的方式，这些变化中的每一个都会使社会产品蛋糕更大，否则该变化就不会发生。

例如，我们看一看 Eos 航空公司。乘坐其飞机的 48 名乘客所支付的机票款高于在飞机只有常规尺寸座椅的情况下 222 名乘客所支付的钱。这意味着，当搭载更少的乘客时，该飞机及其机组人员创造了更多的价值。根据经济学家的观点，这意味着他们也是更有效率的。换句话说，根据经济学家的观点，仅仅凭借服务于更少的人（如果这些人能够支付更多钱的话），经济蛋糕就能够变大。

经济学家衡量经济蛋糕的大小而不考虑分配这一事实，是他们使用帕累托效率作为衡量标准的直接结果。强迫一个像 Eos 航空公司这样的承运人去运送 222 乘客，将产生一种帕累托无效的资源分配，因为潜在地，当一架本来可以搭载 222 名乘客的飞机仅有 48 名富人乘坐时，每个人的状况都可能改善。潜在地看，富有的乘客能

第7章
私人提供的产品

够给予因他们而未能乘飞机的中产阶级乘客以经济补偿，然后，这些中产阶级乘客就可以比如用这些钱去看更多次病。因此，强迫 Eos 航空公司运送更多的乘客，将有可能使每个人的状况变糟，这跟使经济蛋糕变小是一样的。当然，这种观点的问题在于实际上这种补偿并没有发生。

功利主义观点

当收入分配使得飞机运送较少的乘客以及医生给较少的患者看病是帕累托有效的时候，则收入分配本身就是功利主义无效的。考虑到完全相同的资源消耗但更平等的收入分配，富人和中产阶级均能搭机飞行足够多的次数，富人和中产阶级均能找医生看病足够多的次数。于是，这种资源分配既是帕累托有效的，又是功利主义有效的。然而，除非进行收入再分配，否则可能就得寻求政府干预。那么，当收入再分配被排除在外的时候，政府有什么政策来应对产品分配呢？我们将看到，在某些情况下，收入分配不平等的事实限制了可用的选项。

如何给富人增加障碍

找医生看病

政府是否应该限制医生给每个病人看病的时间，从而可以给更

第一部分
经济效率与政府角色

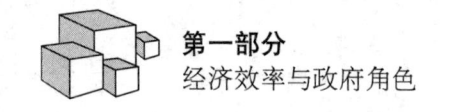

多的病人看病？命令医生一次给一个病人看多长时间的病，这是有问题的，这意味着实际上有时候是一种富人的自由和穷人的福利之间此消彼长的关系。

飞　机

虽然收入不平等意味着头等舱更大的腿部活动空间，经济舱更小的腿部活动空间，但只要飞机上的座椅数量不改变，就最好不要去解决这个问题，否则中产阶级可能根本就没有机会乘飞机出行。要看看为什么，我们先假设一架运送 200 名乘客往返于纽约和洛杉矶之间的飞机的燃料成本是 10 万美元。此外，假设每名中产阶级家庭乘客对坐一次飞机的心理价位是 250 美元，而每名富有家庭乘客在能够得到宽敞座椅的情况下对这趟航班的心理价位是 750 美元。一架只搭载中产阶级乘客的飞机将绝不会起飞，因为所有 200 名中产阶级乘客合在一起所能支付的机票款只有 5 万美元，只及飞行成本的一半。但是，如果搭载 100 位每人支付 750 美元的乘客和 100 位每人支付 250 美元的乘客，这架飞机就可以起飞了。然而对于同一班机，富人乘客是会拒绝支付超过中产阶级的票款的，除非他们在支付了那么多钱之后能够获得某种额外的好处。换句话说，正是经济舱较少的腿部活动空间和头等舱较大的腿部活动空间，才使得中产阶级有机会乘飞机出行。富人从这种安排中获得的是能够更频繁地乘飞机出行，因为若没有中产阶级，就不会有足够的乘客来填满目前所有计划飞行的航班了。

第7章
私人提供的产品

当然，这种情况与新加坡航空公司或公司专机是不同的。在后面这种情况下，一些中产阶级人士实际上被完全挡在了乘飞机出行之外，因为这时飞机搭载的乘客比它们的最大载客量更少。所以，就可能有人呼吁出台一项法律要求每架飞机均按其最大载客量出行。

住 房

防止富有家庭居住在面积太大的房子里，最简单的方法是按房屋面积征税，在某一特定下限（可以随家庭规模调整）之下的面积免税。但一旦高于该值，所征税率就必须足够高，甚至足以令大富大贵者对过度消费望而却步。为了对这种税必须多高才能产生实际效果有个正确的认识，我们回忆一下曼哈顿区一套大型公寓每平方英尺的价格都要求有平均 662 美元的溢价。唯有这种数额的税收，才能够消除房地产开发商不得不去建造超大公寓的动力。

注 释

1. 乔·维尔考克斯，"法官裁定微软违反了反垄断法"，科技资讯网，2000 年 4 月 3 日，http：//news.com.com/2100-1001-238758.html（2009 年 5 月 26 日查阅）；沃尔夫冈·格鲁勒，"Firefox 市场占有率首次超过 20%，IE 跌到 70% 以下"，TG Daily 网站（2008 年 12 月 1 日，星期一），http：//www.tgdaily.com/html_tmp/content-view-40381-113.html。
2. "强劲的立普妥销售收入帮助季度营收激增 21%"，《国际先驱论坛报》，2005 年 7 月 21 日，http：//www.iht.com/articles/2005/07/20/business/earns.

第一部分
经济效率与政府角色

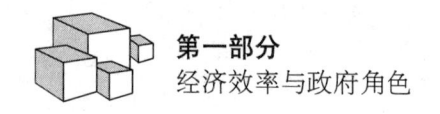

php（2009年5月26日查阅）。

3. 杰瑞德·伯恩斯坦，"与杰瑞德·伯恩斯坦的谈话"，《跨国监测》卷24，第5期（2003年5月），http：//multinationalmonitor.org/mm2003/03may/may03interviewsbernstein.html（2009年5月26日查阅）。

4. 玛丽·康诺里和艾伦·克鲁格，"摇滚经济学：流行音乐经济学"，载于《艺术与文化经济学手册》，维克托·金斯伯格和大卫·瑟罗斯比编辑（波士顿：埃斯维尔北荷兰科技出版社，2008年），页668–716。

5. 亚历克斯·威廉斯，"婚礼歌手？不！"《纽约时报》，2005年11月20日。

6. 摘自康诺里和克鲁格，"摇滚经济学"，页692。

7. 詹姆斯·帕卡德·洛夫，"关注政府在开发艾滋病药物上的作用"，法庭之友，《南非制药商协会等诉南非共和国总统等》，2001年4月10日，http：//www.cptech.org/ip/health/sa/loveaffi davit/（2009年5月26日查阅）。

8. 默里奥·古茨纳，"第三世界为艾滋病药物作斗争"，《芝加哥论坛报》，1999年4月28日。

9. 约翰·詹姆斯，"南非：葛兰素自愿提供AZT/3TC的许可证"，《艾滋病治疗新闻》，2001年10月19日，http：//findarticles.com/p/articles/mi_mOHSW/is_2001_Oct_19/ai_79757044（2009年5月26日查阅）。

10. 塞西·康诺利，"官方为医疗保险药物收益的成本辩护：进口谈判想法被拒"，《华盛顿邮报》，2005年2月17日，A7版；朱莉·阿普尔比和理查德·沃尔夫，"医疗保险成本项目泡汤"，《今日美国》，2006年2月2日。

11. "着眼于未来成长，澳大利亚航空选用A380作单一舱位配置"，空中客车公司新闻发布会，2009年1月15日，http：//www.airbus.com/en/presscentre/press releases/pressreleases_items/09_01_15_air_austral_a380.html（2009年5月29日查阅）。

12. 威廉·纽曼，"大房子之战"，《纽约时报》，2005年12月25日。

13. Ibid. 同上。

第7章 私人提供的产品

14. 查尔斯·劳伦斯,"有钱有势者不再钟情于纽约的'摩天大楼'",英国《每日电讯报》,2004 年 5 月 9 日。

15. 大卫·陈,"公寓里修泳池是最先进的奢华之举",《纽约时报》,2004 年 4 月 17 日,B1 版。

16. 所有图的数据皆来自销售数据。新建筑在这些观察资料中的占比因而高于新建筑在总的公寓存量中的占比。美国人口普查局每三年在纽约进行一项住房调查,但并不搜集关于住房面积的数据,这也是为什么关于住房大小的数据必须来自销售数据的原因。住房大小的增加有多少归结于新建筑,有多少是把小公寓拼成大公寓的结果,这些尚不为人知。

17. 大卫·拉扎勒斯,"医生将给你看病——说个价吧,"《旧金山纪事报》,2006 年 1 月 8 日。

18. "找医生看病我们该怎么付钱",《纽约时报》,2006 年 9 月 6 日,A18 版。

19. 理查德·库珀,"健康事务",卫生政策学院,威斯康星医学院,未注明日期,摘自邓尼斯·科雄,"医疗失误造成医生短缺",《今日美国》,2005 年 3 月 3 日;和詹尼弗·奇斯曼·戴伊,"美国按年龄、性别、种族和是否拉美族裔区分的人口项目:1993—2050",P25-1104 系列,美国人口普查,2001 年 1 月 18 日,http://www.census.gov/prod/1/pop/profile/95/2_ps.pdf。

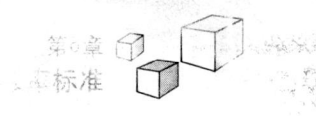

第8章

政府提供的产品

有些商品和服务是私人市场绝不会提供的，国防服务就是这类商品的典型例子。如果一家私人企业试图向私人消费者出售国防服务，它可能连一个客户都找不到。要看看为什么。我们假设简确实购买了国防服务而约翰拒绝购买。一旦国防服务提供给了简，约翰从中得到的收益将跟简一样，哪怕他一分钱都没有支付。因此，国防服务是"非排他性的"，约翰之所以可能拒绝为国防服务付钱，不是由于他反对国防服务，而是因为他宁愿作为一个"搭便车者"得到它。既然知道了这种可能性，简本人大概也就不会购买国防服务了。

若一种商品是非排他性的，经济学家就称之为"公共产品"。"公共产品"必须由政府掏腰包，因为有太多的人不会主动为此掏腰包了。与私人公司不同，政府的确有能力提供公共产品，因为政府有强迫人们为公共产品买单的权力。通常，公共产品还有另外一种性质，

第一部分
经济效率与政府角色

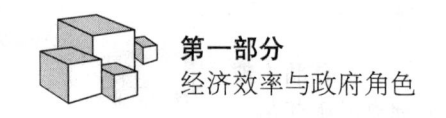

那就是,公共产品的消费是"非竞争性的"。这意味着一旦提供之后,产品的质量不会随其所服务人数的增加而下降。在这个国防服务的例子中,给简提供的保护,其成色并不会因约翰也受到保护而有所减损。

还有其他什么产品是公共产品呢?洁净的空气是公共产品,因为谁都要呼吸空气,没人可以被排除在外,因为一个人呼吸清洁空气并不会夺走另一个人也呼吸清洁空气的能力。药品或食品监管也是公共产品,因为如果只有安全的药品和食品进入市场,则没有消费者能够被排除在这种保护之外,对一名消费者的保护并未减损对另一名消费者的保护的价值。警察保护与国防属于同一类,但由于这种保护仅限于有限的区域,警察保护是一种"地方公共产品"。城市的规划、整洁的街道、路灯也属于地方公共产品。

但是,政府并不局限于只提供公共产品或地方公共产品。政府提供的产品之一是教育,但教育是排他性的,因为阻止一个孩子进入某一所特定的学校是很容易的(经费不足的学校的学生被阻止进入富裕学区更好的学校的事情就屡屡发生)。此外,正如我们下面将要看到的,教育质量随班级规模的增大而下降,这意味着,公共教育不仅是排他性的,而且是竞争性的。因此,教育属于私人产品,私人市场也提供教育就是最好的证据,因为存在着私立学校。

既然教育属于私人产品,那么,政府为什么提供它呢?一个原因可能是,当某个人进一步加强自己的教育时能够使公众全体受益,公众也许最好为此掏腰包。例如,有证据表明,若保持一个工人

第8章
政府提供的产品

的职业、技能和教育水平不变,当他在一座平均受教育水平较高的城市工作时,他的工资就较高。[1] 也有经济学家声称教育是一种"有益品",他们通过这种方式表明一些父母看不到自己的孩子从良好教育中所能得到的全部好处,所以,他们会减少在孩子教育上的投资。但最主要的原因可能是,免费的公共教育是一种穷人要求并坚持要得到的再分配形式。我们已经看到,法国大革命后随即产生的第一部宪法要求提供免费的公共教育。《共产党宣言》也把"向公立学校的所有学生提供免费教育"列为其十大要求之一。在美国,公共教育仍然是一个政治问题,这在"不让一个孩子掉队"①的竞选活动中表现得很清楚。

必须强调的是,一件私人产品,譬如教育,即便公众为它掏腰包,但它仍然是私人产品。同样道理,一件公共产品,即便由私人公司提供,它仍然是公共产品。哈里伯顿公司和黑水公司是生产国防产品的私人公司,但他们的产品仍然是公共产品,因为除非公众付钱,否则没有人会付钱(事实上,正是由于国防是公共产品,哈里伯顿公司和黑水公司才能够以高得离谱的价格提供糟糕透顶的服务。对于一件私人产品,如果买家不满意,很简单,他将来不买它就行了。但因为公共产品是非排他性的,个人消费者不能简单地停止消费或掏腰包)。[2]

---

① "不让一个孩子掉队"不仅是乔治·布什进行总统竞选活动时的口号,它还给布什雄心勃勃的教育改革法案命了名。

第一部分
经济效率与政府角色

再分配性的教育

当政府提供一个全国性的公共产品时,全体公民都能平等地分享它。但是,当政府提供地方公共产品或私人产品时,它可以并的确向不同的人提供不同的质量和数量。例如,正如上面所提到的,市政府建立的商业促进区在同一座城市内提供不同的一揽子税收和服务。公园管理局将资金注入某些公园,而不是其他公园。穷人在大多数情况下赞同这种差别做法,但当涉及教育时,他们有时候会抵制,要求政府对自己的学校与富裕地区的学校一视同仁,给予它们相同数量的资金。但这种要求几乎总是会遇到"不能把钱扔在教育上"的呼吁。穷学校不应该得到更多的钱,因为这些钱只会被浪费掉。

表 8.1 显示了不同州在富裕地区和贫穷地区之间教育支出上的差异,如表所示,在某些州,贫穷地区比富裕地区得到更多的教育资金。马萨诸塞州在贫穷地区花的学生人均教育经费比在富裕地区多 1 343 美元,其次是阿拉斯加州和特拉华州,金额分别为 1 231 美元和 1 184 美元。然而,在其他州,富裕地区比贫穷地区得到更多的资金,纽约州富裕地区和贫穷地区的差距最大,为 2 040 美元,其次是伊利诺伊州和弗吉尼亚州,差距分别为 2 026 美元和 1 105 美元。就国家整体来说,差距是 868 美元。这意味着,平均而言,与贫穷地区相比,富裕地区一个有 25 名学生的班级可以多出 21 700

第8章 政府提供的产品

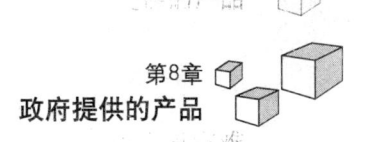

美元花在专科教师、教育用品或旅行上。此外，据估算，为了在穷人社区提供与富裕社区相同质量的教育，贫穷社区由于有更大的小班制需要，其支出必须要比富有社区高出40%。[3]

表 8.1　2001-2002年度各州教育经费之高低差额　　（单位：美元）

州别	2001-2002年度最富裕地区与最贫穷地区之间可用的学生人均教育经费差额（已作成本调整，对低收入学生未作调整）
亚拉巴马	−613
阿拉斯加	1 231
亚利桑那	−681
阿肯色	−149
加利福尼亚	173
科罗拉多	38
康涅狄格	277
特拉华	1 184
佛罗里达	−74
佐治亚	721
爱达荷	−96
伊利诺伊	−2 026
印第安纳	−25
艾奥瓦	−333
堪萨斯	122
肯塔基	−3
路易斯安那	−725
缅因	−79
马里兰	−558
马萨诸塞	1 343
密歇根	−564
明尼苏达	1 031
密西西比	−18
密苏里	354
蒙大拿	−450
内布拉斯加	233
内华达	333
新罕布什尔	−795
新泽西	1 260
新墨西哥	374
纽约	−2 040

第一部分　经济效率与政府角色

续表

州别	2001—2002年度最富裕地区与最贫穷地区只见可用的学生人均教育经费差额（已作成本调整，对低收入学生未作调整）
北卡罗来纳	−392
北达科他	653
俄亥俄	186
俄克拉荷马	226
俄勒冈	186
宾夕法尼亚	−882
罗得岛	108
南卡罗来纳	370
南达科他	552
田纳西	570
得克萨斯	−388
犹他	782
佛蒙特	−766
弗吉尼亚	1 105
华盛顿	160
西弗吉尼亚	135
威斯康星	108
怀俄明	381
全美	−868

资料来源：教育信托基金会，http://www2.edtrust.org/NR/rdonlyres/30B3C1B3-3DA6-4809-AFB9-2DAACF11CF88/0/funding2004.pdf。

　　许多因素合在一起决定着教育的质量，其中之一就是班级规模。图8.1和图8.2显示了美国贫穷地区和其他地区的班级规模（表8.1指的是全科教师的——教所有科目的教师——通常是在低年级。表8.2指的是专科教师的——教特定科目的教师——通常是在高年级）。在非贫穷地区，62%的全科教师在18名或更少学生的班级讲课。贫穷地区的这一数字是25%。在专科教师（高年级）方面这个差别较小。在非贫穷地区，45%的教师在17名或更少学生的班级讲课，而在贫穷社区中只有18%的教师在类似规模的班级讲课。

第8章
政府提供的产品

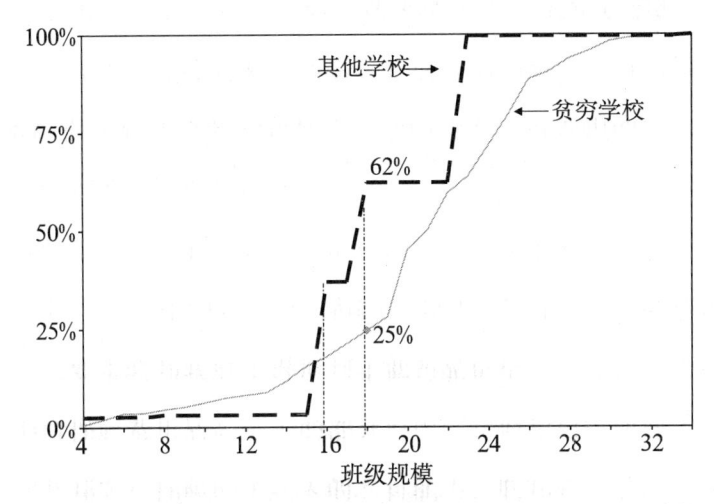

注：一所学校中，如果有学生参加了免费学校午餐计划，就是穷校。特殊教育教师和教室中超过45名学生的班级未列入计算。

资料来源：《学校和人员调查，1999-2000年度》，全国教育统计中心（作者根据其中的数据所作的计算）。

图8.1 穷校和其他学校的累积班级规模：全科教师

但是，非贫穷公立学校和贫穷公立学校的班级规模差异，与公立学校和非宗教类私立学校的班级规模差异相比，就是小巫见大巫了。如表8.2显示，这类私立学校的班级远比公立学校的小得多，学生对教师之比也是如此。

表8.2　1999-2000年度平均班级规模、学生/教师的比率

	平均班级规模（人数）		学生/教师的比率	学生/教师比小于10:1的学校所占百分比
	门类齐全的	分门别类的		
公立学校	21	24	16:1	10%
非宗教类私立学校	15	15	9:1	68%

资料来源：美国教育部，全国教育统计中心（NCES），学校和人员调查（SASS），"公立学校、特许公立学校和私立学校及教师调查"，1999-2000年度。

第一部分
经济效率与政府角色

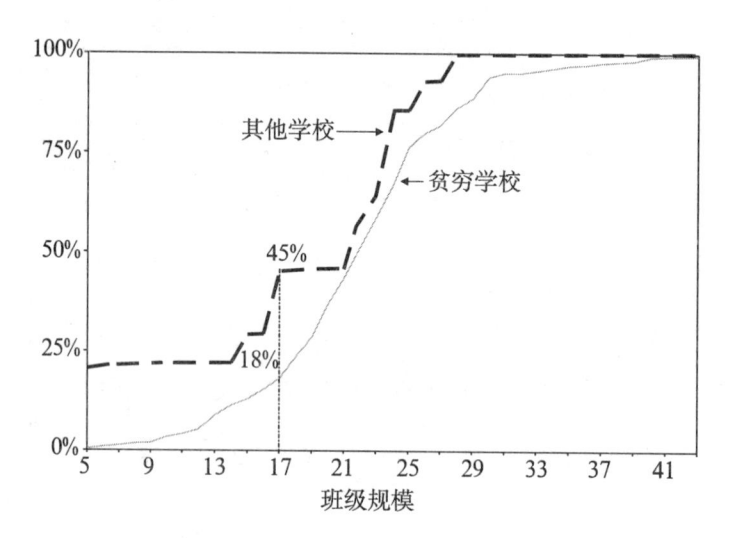

注：一所学校，如果校中有参加了免费学校午餐计划的学生，就是穷校。特殊教育教师和教室中超过四十五名学生的班级未列入计算。

资料来源：《学校和人员调查，1999-2000年度》，全国教育统计中心（作者根据其中的数据所作的计算）。

图8.2 穷校和其他学校的累积班级规模：专科教师

"不能把钱扔在教育上"

不同学区之间教育资金投入的不平等经常在法庭上遭遇挑战，而当这类诉讼发生时，美国胡佛研究所的经济学家埃里克·哈努谢克经常出庭作证，说重新分配教育经费是对金钱的浪费。例如，在2000年，霍克县几个贫穷学区起诉北卡罗来纳州，称与较富裕的地区相比，他们的班级规模大，他们老师的教学质量低。在本诉案的

第8章
政府提供的产品

证词中,哈努谢克告诉法庭,"关于给学校的钱的多少和学生的成绩之间的相关性,并不"存在"多少系统性的证据"。[4] 换句话说,这些贫穷学区可能是对的,但强迫该州给他们更多的经费,并不能做成什么事情。哈努谢克是在玩弄普遍流行的关于"政府做不了任何正确之事"的信念。是啊,穷孩子上差学校。是啊,这些学校也资金不足。但这些学校都不差,只是因为资金不足。按照哈努谢克及其他像他这一类人的说法,美国人均教育支出比其他许多国家都多,却并未获得相同的结果,这一事实对于增加穷校经费是不利的。在《今日美国》2004年的一篇文章中,当时的美国教育部长罗德·佩奇反复念叨着咒语般的话:

> 我们的公共教育仍是一套两层的系统。一些幸运的学生接受世界一流的教育,但数以百万计的学生却否认有高质量的教育而陷于平庸,他们大多数是有色人种的孩子。这并不是我们想象中的布朗诉案①的遗产。一些人仍相信我们可以通过花更多的钱来解决我们公共教育系统的问题,但我们在每名K-12教育②的学生身上所花的钱比瑞士之外的其他任何国家都多。问题在于这些钱该如何投资。[5]

---

① 布朗诉托皮卡教育局案是美国史上一件非常重要、具有标志意义的诉讼案。由于本判决的缘故,美国终止了社会中存在已久的白人和黑人必须分别就读不同公立学校的种族隔离现象;同时本案也开启了接下来的数年间美国开始废止一切有关种族隔离的措施;美国的民权运动也因为本案迈进一大步。
② K-12教育,从幼儿园到大学前的12年义务教育。

第一部分
经济效率与政府角色

正是这种咒语般的话,使布什总统能够呼吁同时进行减税和削减教育支出。然而,正如我们将要看到的,有证据显示,增加资金确实能够提高教学质量,因此"增加资金不能提高教学质量"的说法是建立在对这个证据的扭曲之上的。

图片来源:承蒙埃里·克哈努谢克友情提供

图8.3 埃里克·哈努谢克

"不能把钱扔在教育上"的说法是有下述观察结果支持的:1967-1996年间的教育支出实际增加了一倍,但成绩几乎没什么变化。成绩是由美国教育部定期对抽样的学生所做的国家教育进展评估(NAEP)测试确定的。图8.4和图8.5显示了1971-2004年间不同年龄组的平均成绩。[6]

乍看之下表中数据令人担忧:17岁年龄组的曲线是平坦的,只

第8章
政府提供的产品

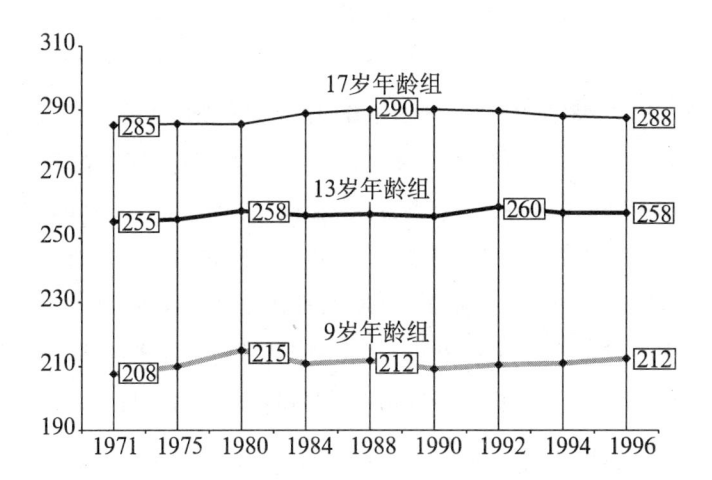

资料来源：美国教育部，全国教育统计中心、全国教育进展评估(NAEP)，1973-2004年间历年阅读成绩长期趋势评估。

图8.4　平均阅读成绩的趋势，1971—1996年

资料来源：美国教育部，全国教育统计中心、全国教育进展评估(NAEP)，1973-2004年间历年数学成绩长期趋势评估。

图8.5　平均数学成绩的趋势，1971—1996年

| 113 |

第一部分
经济效率与政府角色

有少儿组的曲线才是上升的。但这些图表具有误导性。首先，参加这些测试的学生的信息，随时间而改变，部分是因为高中辍学率变化显著。1973年的高中辍学率是14.1%，相较之下，2000年只有10.9%（未得到1996年的辍学率数据）。这意味着成绩差的学生在参加测试的学生中所占的比例随时间而增加。而且，如图8.6所示，儿童贫困率在期初也显著低于期末。儿童贫困率在1973年是14%，而在1996年，这一数字为21%。鉴于学校中穷学生的比率高得多，可以预计平均成绩会下降。

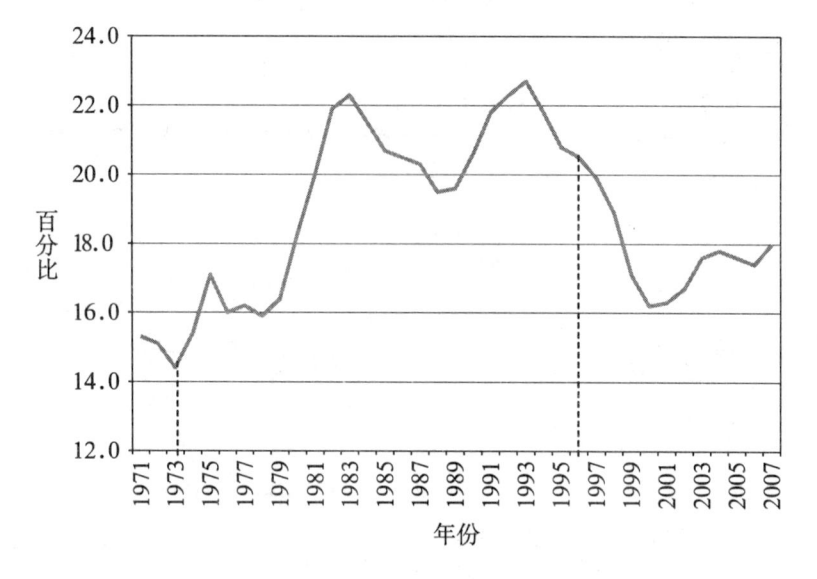

资料来源：美国人口普查局，历年贫困表，表3——美国人的贫困状况，按年龄、种族和拉美裔统计（1959-2006年）。

图8.6 生活在贫困中的儿童的百分比，1971—2007年

学生人均教育经费翻番的说法也具有误导性。理查德·罗思斯

第8章
政府提供的产品

坦和凯伦·迈尔斯对这些数据的研究表明，1967–1991年间学生人均教育经费的增长率实际上只有26%，而不是100%，并且，在1991–1996年间，学生人均教育经费的增长微乎其微。[7]数据差异来自于多个数据源。首先，教育经费增加100%这个数字建立在消费者价格指数（CPI）之上，但CPI反映的是消费者购买什么，而不是学校购买什么。消费者把钱大部分花在购买商品上，而学校的大部分预算花在教师和其他教职员工的服务上。因此，罗思斯坦和迈尔斯使用了一个赋予服务更高权重的价格指数。第二，罗思斯坦和迈尔斯发现，学校资金的很大一部分增长来自于诸如特殊教育①之类的项目，此类项目虽然值得去做，但并不影响测试结果（举个例子，特殊教育学生就被排除在NAEP测试之外）。根据罗思斯坦和迈尔斯的观点，从所有这些信息中得出的结论并不是"不能把钱扔在教育上"，结论反而是，教育经费的适度增加避免了教育绩效可能的下降，否则，由于学生贫困率日益增加及辍学率不断下降，教育绩效的下降就可能发生。

也许，富校和穷校之间最重要的差别是班级规模。既然声称钱不重要，哈努谢克也必须声称班级规模不重要。哈努谢克把这个主张建立在他所作的文献调研上。根据他的说法，一些研究表明，班级规模小能够提高绩效，但更多的研究表明并非如此。

---

① 特殊教育，运用特别设计的课程、教材、教法和设备对特殊人群如弱智、残疾或天才儿童等进行的教育。

第一部分
经济效率与政府角色

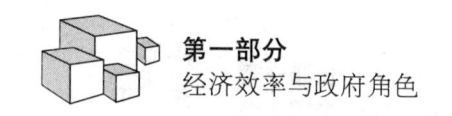

  经济学家艾伦·克鲁格和黛安·惠特莫尔发现，哈努谢克对争执各方的研究作数量统计的方法有许多奇特的地方。例如，哈努谢克不是计算研究数，而是计算各研究中的评价数。哈努谢克参考了59个研究，从中得到了277个评价。各项研究中的评价数差异很大，其中有两项研究，每项包括24个评价，而且这两项是由同一作者所作的研究，依据的是同一套数据集。其他的研究每项只提供了一个评价。正如克鲁格解释的，哈努谢克计算评价数而非研究数的方法是有误导性的。没有理由只是因为某项研究有更多的评价而赋予它更大的权重（举一个例子就可以阐明克鲁格的论证了。假设一名研究者希望查明卡路里是否影响体重。除了体重和卡路里之外，该名研究者还知道在自己的数据中受试者所属的种族。研究者可能先计算不区分种族时卡路里对体重的影响，然后计算区分种族时卡路里对体重的影响。这样一来，研究者将从同一套数据中得出两个不同的关于卡路里影响体重的评价。现在假设两个评价结论都是卡路里不影响体重。这是否相当于从两个不同的数据中得出两个不同的关于卡路里不影响体重的评价呢？当然不是。对这些评价的正确解读是，那一套特定的数据显示卡路里不影响重量，即使当区分种族时结果也不变）。克鲁格和惠特莫尔发现，如果是计算研究数而不是所得到的评价数，那些发现班级规模很重要的研究与那些发现班级规模不重要的研究，二者之间的比率实际上是四比一。[8]

  要确定班级规模是否重要，有必要对那些彼此间除班级规模之外各方面都十分相似的班级中的学生成绩进行比较。换句话说，这

第 8 章
政府提供的产品

就需要所有班级的学生信息（收入、移民身份等）及所有其他教育性投入（计算机设备、美术室等）都相似。各班间的唯一差别应该是班级规模。但在现实生活中，除班级规模外所有方面都相同的班级是不可能找得到的，因为人数少的班级通常在富裕的学校，人数多的班级一般在贫穷的学校。不能做控制性实验的研究人员别无选择，只能对那些能说明班级间这些其他差异的数据进行校正，但校正数据肯定是有问题的。田纳西州通过开展一项 1985–1990 年间的控制性实验来避免所有这些问题。

在田纳西州的研究中，班级间的唯一差别是班级规模，所以没必要作校正。同一所学校 K–3（小学三）年级的学生被随机分配到或小班（13～17 名学生）或普通班（22～25 名学生）中，分配老师去教小班还是普通班也是随机的。在四年级时，所有学生都返回普通班上课。然后对所有学生进行同样的测试。结果是，小班制学生获得的百分制分数比普通班学生平均高 4～5.5 分（随年级而异）。由于国家教育评估计划测试的最高分数为 500 分，上述分数差异就相当于 20～26 点。将这些数字与上述 NAEP 全国性结果的图表作比较，结果显示这些提高大于一个 20 年间所产生的任何改善。[9]

班级规模很重要，而且小班制中的学生都较富裕。那么，把小班制分配给富裕孩子就是有效率的吗？如果效率意味着参加小班制的学生是能够从中获益最大的学生，那么答案就是否定的。克鲁格所评论的那些研究表明，较小的班级规模使低收入家庭的学生在成绩提高方面大于富裕家庭的学生，成绩差的学生在成绩提高方面则

第一部分
经济效率与政府角色

大于成绩好的学生。此外,这些研究还表明,从班级规模缩小所获得的好处随班级规模下降而减少。[10] 换句话说,一旦某个班已经相对较小,使它再小就没有多大帮助了。因此,将资源从参加小班制的富裕学生转移到在规模非常大的班级上课的穷学生,这将使穷学生得到的好处超过其对富裕学生造成的损害。当然,在不减少富裕地区教育经费的情况下增加贫穷地区的教育经费也是可能的,但这要求增加税收。

当收入不平等时教育能平等吗?

北卡罗来纳州在霍克县诉案中败诉。法官仔细聆听了哈努谢克的陈述,并感谢他指出了无目的的花钱纯属浪费。但是法官认为,提起诉讼的地区对于自己所要求的经费确实是有目的的。"只有傻瓜才会认为在教育方面钱不重要",法官写道。[11]

许多州的法官们多年来一直在作出类似的裁决。学生人均教育经费现在平等吗?学校由各区提供资金,由于收入不平等增加,所以在资金投入方面也是不平等的。经济学家卡罗琳·霍克斯比研究了马萨诸塞州和伊利诺依州学生人均教育经费的不平等情况,她发现在这两个州,教育经费方面的不平等程度在 1950–1990 年间明显增加。此外,尽管存在着法律挑战,本应打破某一地区富裕程度与对所属学校的资金投入之间的联系,但富裕程度和人均教育经费之

第8章
政府提供的产品

间的关系在同一时期变得越发紧密。[12]

理查德·罗思斯坦是《纽约时报》的一名教育专栏作家,他报道了富有的家长在这方面的创造性:他们甚至在明令禁止家长向学校提供私人资金的学区创造出了提供资金方面的差异。这些家长向教师支付"感谢费",而不是被明令禁止的加薪,当艺术班或音乐班不得另请教师时他们雇用"顾问"来教,他们还建立图书馆并往里面添置书籍。[13]在对这些证据进行评论之后,霍克斯比总结道,"要减少支出的不平等,缩小收入不平等大概更实际些"。

"对经济有利吗?"

"对经济有利吗?"这个问题说明了经济思维的巨大影响,也把一切伴随它而来的错误的东西囊括其中。当然,经济学家们知道,并不真的存在"经济"一类的东西,存在的只是人。然而,他们成功地把这个简单的事实完全模糊化了。新闻节目每个小时都报道众多股票指数的水平及其变动。但关于教师、建筑工人、卫生工作者或餐馆员工的生活质量,他们却报道得非常少。他们是否今天比昨天有更多时间来陪自己的孩子?参加了医疗保险的人数发生变化了吗?毫无疑问,正如关于股票市场指数的报道所能做的那样,每小时报道这些指数应该会激励政府去改善它们。但民众的生活状况并不是所谓的"经济"或经济所关乎的东西。

第一部分
经济效率与政府角色

"经济"不仅不是关于生活于其中的人们的情况的,而且根据经济学家的说法,"经济"实际上要求人作出牺牲。粮食补贴?对经济发展不利。住房补贴?对经济发展不利。健康保险呢?对经济发展也不利。

然而,正如近期事件所表明的,人们的这种牺牲没有意义。"经济"是一个底座摇摇欲坠的庞然大物,主要是因为它建立在效率这一概念之上,这使得几乎所有的政府项目看起来都是无效率的。如果有吸引力的公共住房有足量的供应,穷人就不会借高利贷来购买他们买不起的房子,始于"次级抵押贷款"的危机也就不会发生。如果有足以让劳动者退休后过得舒舒服服的社会保障金,有像私立大学那样有吸引力的免费公立大学,那么普通劳动者就不会为了保障自己的退休生活或孩子的大学教育而被迫"在股票市场弄潮"了。若没有劳动者投资于股票上的钱,就没有"为了挽救主体街而不得不挽救华尔街"①的需要,没有任何为银行家和银行纾困的借口了。若有政府提供的医疗保险,劳动者们就会有更大的转岗灵活性及更大的适应经济状况变化的能力,因此转岗就更迅速,痛苦就更少。

富人及那些为他们服务的人常常声称,关心收入再分配是无聊

---

① 主体街(Main street)是与华尔街(Wall Street)相对的概念。华尔街的直接含义是指位于纽约金融区的一条名叫"华尔街"的街道,泛指包括金融、投资银行在内的美国的巨型企业,也指美国富有的阶层及他们的生活;而主体街的直接含义是指小城镇的主要街道,人们在那里购物,喝咖啡聊天,参加一些庆典活动,泛指小企业、小作坊和贫民百姓,也指平民阶层及他们的生活。

第8章
政府提供的产品

的、徒劳无益的。说它无聊,是因为人们不应该嫉妒他人的幸福康乐;说它徒劳无益,是因为即使富人十分富有,但他们只拿走了社会蛋糕中的一小部分,重新分配他们的财富并不会使穷人的福利有什么改观。

但上述两种说法都是错误的。诚如本书第一部分已经表明的,当收入分配不平等时,穷人和中产阶级群体受到损害,不是由于他们的钱太少,而是因为较之富人他们的钱更少。在收入差距很大时,卖家就会设定某种较高的价格水平使得只有富人才支付得起,政府则背离自己对所有公民一视同仁的义务,而富人在仅仅是有限供应的可用资源中攫取到远远超出他们应得的部分。

要看出"再分配不会使事情改观"的说法错得多么离谱,我们考虑一下美国2008年的GDP为人均4.7万美元。[14]如果收入在所有个体中间平均分配,一个四口之家原本会拥有价值18.8万美元/年的资源可供使用。[15]相反的,美国有13%的个人属于贫困家庭,对于一个四口之家来说,贫困线是21 027美元,约合其在收入平均分配情况下本应拥有的收入的十分之一。[16]

当然,贫困线及如何确定贫困线,正是功利主义的全部关心所在。根据功利主义观点,把一美元从富人那里转移到穷人那里,对后者所带来的帮助将超过其对前者所造成的损害,因此,不进行这种转移在经济上是没有效率的。但这意味着,贫困线不应该通过计算一个家庭最低生存所需的必需品的成本——这是政府计算贫困线的方法——来确定,而应该是这样一个数字,它能够反映随着社会

121

第一部分
经济效率与政府角色

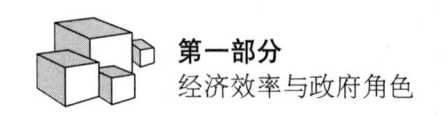

生产力的提高和科技知识的增加，社会向每个成员提供更多、更好的商品和服务的能力，因为人们的需要并不是一成不变的，而是与日俱增、水涨船高的。根据功利主义观点，再分配的门槛不是那个绝对最低值，而是平均值。用这个门槛衡量，大多数美国家庭都属于贫困家庭。在美国，64%的家庭的收入都低于户均收入。[17]

考虑到经济学家对富人关系甚大，他们会否抛弃帕累托效率概念并很快成为功利主义者，这些都是值得怀疑的。但我们其余的人必须学会对他们不予理睬，否则仅仅因为帕累托看不出有什么理由去改变目前的这种状况，我们就将继续成为被狼宰杀的羔羊。

当然，经济学家不仅仅反对收入再分配，而且他们还有一个理论去证明那个一开始就制造不平等的过程是正当的。至于工资是如何被确定的，则是本书第二部分的主题。

注　释

1. 刘智强，"教育的外部回报：来自中国城市的证据"，《城市经济学期刊》卷61，第3期（2007年5月），页542-64。
2. 摩西·阿德勒，"有时候，政府就是答案"，《洛杉矶时报》，2006年3月4日，对私有化的进一步分析请参阅http：//www.columbia.edu/~ma820/privatization.html。
3. 凯文·凯瑞，"资助差异2004"，教育信托基金，http：//www2.edtrust.org/NR/rdonlyres/30B3C1B3-3DA6-4809-AFB9-2DAACF11CF88/0/funding2004.pdf（2009年5月26日查阅）。
4. 《霍克县教育委员会等诉北卡罗来纳州；州教育委员会》，2000年，http：//www.schoolfunding.info/states/nc/HOKEI.PDF（2009年5月26日

查阅）。

5. 罗德·佩奇，"教育平等远离我们，现在亦然"，《今日美国》，2004年5月14日，http：//www.ed.gov/news/opeds/edit/2004/05142004.html（2009年5月26日查阅）。

6. NAEP（全国教育进展评估），"NAEP2004年学术进展趋势"，2005年，http：//nces.ed.gov/nationsreportcard/pdf/main2005/2005463.pdf（2009年5月26日查阅）。

7. 理查德·罗思斯坦和凯伦·霍利·迈尔斯，"钱跑哪儿去了？教育支出水平和构成的变化"，经济政策研究所，1995年；理查德·罗思斯坦，"钱跑哪儿去了？教育支出水平和构成的变化，1991—96"，经济政策研究所，1997年，摘自凯文·凯瑞，"教育资助与贫困儿童：当前研究回顾"，预算与政策优先事项中心，2002年11月5日，http：//www.cbpp.org/cms/index.cfm?fa=view&id=1428。

8. 艾伦·克鲁格和黛安·惠特莫尔，"小班制将有助于缩小黑人学生和白人学生的成绩差距吗？"（工作文件451，工业关系部，普林斯顿大学，新泽西州普林斯顿，2001年3月），http：//www.irs.princeton.edu/pubs/pdfs/451.pdf（2009年5月26日查阅）。

9. Ibid. 同上。

10. Ibid. 同上。

11. 《霍克县诉北卡罗来纳州》，页74。

12. 卡罗琳·霍克斯比，"学校花多少取决于家庭收入？"《美国经济评论》卷88，第2期（1998年5月），页309。

13. 理查德·罗思斯坦，"评估金钱在使学校变好中的作用"，《纽约时报》，2001年11月14日。

14. GDP：BEA（经济分析局），2008年。人口：美国人口普查局，2008年。

15. 这些资源并非全都是现金形式。人们所得收入中的一部分以及一部分GDP体现为非现金报酬的形式。比如，拥有自家房子的家庭，能够把房主原本

第一部分
经济效率与政府角色

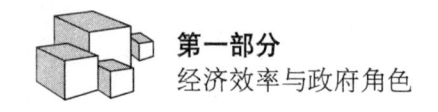

得自房租的利润节省下来。穷人最不大可能拥有非现金报酬。

16. 卡尔曼·德纳瓦斯－沃尔特、伯纳德特·普罗克特、杰西卡·斯密，美国人口普查局，《当前人口报告》，页60-235："美国的收入、贫穷和健康保险覆盖情况：2007"，华盛顿特区，2008年。该贫困线是2007年的标准，而人均GDP则是2008年的。2008年的贫困线大概较2007年高一些，但可能差距很小。

17. 资料来源：美国人口普查局，"美国社区调查，2007"，表C19101"过去12个月的家庭收入"和表B19127"过去12个月家庭收入的总和"（作者的计算）。收入低于平均水平的家庭的实际比例很可能显著高于64%，因为调查中的收入变量并未涵盖非现金收入，比如得自住房所有权的非现金收入。

第二部分

工资理论

简介：古典工资理论和新古典工资理论

2007年，美国劳动者生产了人均价值9.5万美元的商品和服务。[1] 如果无论是CEO还是在车间工作的工人，无论是金融行业还是农业，每名劳动者都赚到了这份工资，那么所有的家庭不仅都能生活得很好，而且还很富足。但是当然啦，事情并非如此。在全国范围内，25%的劳动者即使是做全职工作，其所挣得的工资仍使自己生活在贫困线以下。[2] 在纽约市，24%的零售业者虽然是做全职工作，也必须依靠某种形式的福利金。[3] 劳动者所得不到的，高管能够得到。2007年，标准普尔500强的平均高管薪酬是1 050万美元，是工人平均工资的344倍。[4]

政府应该进行干预来降低工资不平等吗？答案取决于此类干预的后果会是什么，而且对于这种影响，不同的经济学家提出了大相径庭的理论。根据当今教科书上的工资理论——最初是由新古典经济

第二部分
工资理论

学家约翰·克拉克（1847—1938）提出的，自由市场能够保证每名劳动者都能自然而然地被支付其所创造的价值。任何干预都将制造一个人为的薪酬水平而导致岗位流失。因此，一名每年挣2.5万美元的劳动者每年生产出价值2.5万美元的商品。如果政府通过一项法律迫使该劳动者的雇主给他支付更多，那么这兴许也就在同一时间签署了解雇该劳动者的通知书：没有雇主会为价值2.5万美元的产出支付超过2.5万美元的钱，并指望在生意场上立足。这对于拿高薪的高管同样适用，只是方向相反。一名每年拿着数千万美元报酬的高管能为公司每年创造数千万美元的价值。如果政府要去打破其"报酬"与其生产率之间的联系，而对其工资施加一个上限，那该高管就会选择要么去一个要求不那么高的岗位工作，要么工作起来不那么尽心尽力。

尽管逻辑上新古典工资理论是那么回事，但古典经济学家大卫·李嘉图（1772—1823）甚至在该理论提出之前就对它嗤之以鼻。他指出，知道每名工人生产什么通常是不可能的。由此可推知，任何基于评估生产率的体系基本上都是有缺陷的。举一个现代的例子，大都市的一辆出租车每年创造10万美元的总收入，出租车司机将获得其中的2.5万美元，出租车的所有者获得剩余部分。难道司机创造了出租车全部产出的四分之一吗？若没有出租车（某些经济理论中的生产资料），司机（劳动者）将产生不了任何收入，但若没有司机，出租车也不可能产生任何收入。出租车和司机共同创造了10万美元的收入，但在这总收入中哪个产生了多少是不可能分得清楚的。

简介：古典工资理论和新古典工资理论

那么，出租车的收入该怎么在这二者中分配呢？世界最著名的经济学家亚当·斯密（1723—1790）解释道，产出在生产了它的团队成员之间的分配是由每个成员的相对议价能力决定的（而不是像当代经济学家所说的那样，是由经济产出的客观衡量标准所决定的）。当成员是一件资本品，比如一辆出租车，讨价还价当然是由其拥有者一锤定音的。

如果根据现代经济学家的说法，政府为提高工资平等而干预的后果将是工作岗位的流失，那么根据古典工资理论，后果又会是什么呢？如果政府下令，每年支付出租车司机10.1万美元，出租车司机将会失业。但是如果反过来，政府不确定对司机的确切支付额，而是设定对司机的支付额与对出租车所有者的支付额之间的比例，则古典工资理论预计政府为提高工资平等而干预的唯一结果，将会是提高支付的平等……而不造成任何工作岗位的流失。

以下各章将追溯这两种相互竞争的工资理论的发展情况，描述各自在政策争论和劳工冲突中的角色，评论使它们成立的经验证据，并说明它们对于市场体系是否自我调节的问题具有多么重要的基础性作用。这些理论是区分"古典"经济学家和"新古典"经济学家的标志。大卫·李嘉图被普遍视为最后的古典经济学家，约翰·克拉克则被视为新古典经济学家的第一人。

注　释

1. 2007年，1.46亿美国人工作，他们合计生产了价值14万亿美元的商品。美国劳工统计局，CPS，2007年，http：//data.bls.gov/cgi-bin/surveymost？

第二部分
工资理论

1n；经济分析局，2007年，http://www.bea.gov/national/xls/gdplev.xls。

2. 劳伦斯·米歇尔、贾里德·伯恩斯坦和西尔维娅·阿莱格雷托，《美国工作的现状，2006/7年度：经济政策研究所之作》（伊萨卡，纽约：ILR出版社，2007年），图3F，http://www.stateofworkingamerica.org/tabfig/03/SWA06_Fig3F.jpg（2009年5月26日查阅）。

3. 摩西·阿德勒，"工会组织与贫困。纽约市零售商的情况"，经济政策研究所，WP127，2003年12月，www.epl.org/workingpapers/wp127.pdf（2009年5月26日查阅）。

4. 莎拉·安德森、约翰·卡瓦纳、查克·柯林斯、萨姆·皮齐加蒂和迈克·拉帕姆，"高管贪婪2008"，政策研究所与团结追求公平经济组织，2008年，http://www.faireconomy.org/files/executive_excess_2008.pdf（2009年5月26日查阅）。

第9章

古典工资理论

亚当·斯密

亚当·斯密1776年出版的《国富论》，兴许是有史以来最重要的经济学著作，尽管更准确的书名本来应该包括一个副标题"国民财富：它最终是如何落入如此少许人之手的？"按照斯密的说法，处于"原始状态"的劳动者拥有着自己所生产的一切：

> 劳动的生产物构成劳动的自然报酬或自然工资。在土地尚未私有且资本尚未累积的原始社会状态下，劳动的全部生产物属于劳动者，既无地主也无雇主来同他分享。[1]

但后来私有财产出现了，自此以后，劳动者被迫将自己的部分生产物给予地主和资本家，因为他们未拥有他们用以劳动的土地或

第二部分
工资理论

资本：

> 但劳动者独享其全部劳动生产物的这种原始状态，一到有了土地私有和资本累积，就宣告终结了……土地一旦成为私有财产，地主就要求劳动者从土地生产出来或采集到的几乎所有物品中分给他一定份额……一切其他劳动的生产物莫不类同于利润的扣除。

因此，根据斯密的说法，利润不过是从劳动成果中的一种扣除。但是，难道他没有看出资本家能够推动生产方式的改善吗？这样就一定要给予他们分享利润的权利吗？根据斯密的看法，若劳动者拥有自己所生产的全部产物，他们原本自己就会使用这些生产物的一部分来推动生产率的提高：

> 若这种状态［劳动者拥有他们所生产的生产物］继续下去，劳动工资将随着分工所引起的劳动生产力的提高而增加。一切物品将日渐低廉，因为较少的劳动量就能够把它们生产出来。

根据斯密的说法，私人财产的出现并不是引起这些改进的动力，私人财产早在有任何显著改善之前就出现了：

> 但劳动者独享其全部劳动生产物的这种原始状态，一到有了土地私有和资本累积，就宣告终结了。所以，早在劳动生产力尚未有显著改善以前，这种原始状态就已不复存在了。

第9章
古典工资理论

如果利润不过是对劳动生产物的一种扣除,那么决定这种扣除该多大的是什么呢?根据斯密的说法,这是由劳资双方讨价还价的能力决定的。通常资本家是较强势的一方,因为他手上握有更多的牌———一种等待时机出手的能力:

工人希望尽可能得到更多,工厂主希望尽可能付出更少……然而不难预见,在一般的场合,争执双方的其中一方必然占据优势,并迫使另一方接受他们的条件……在所有这类争执中,工厂主能够坚持的时间要长得多(因为他们更有钱)。

但即使一般而言资本家拥有更大的议价能力,这种能力也并不总是压倒性的。斯密指出,不同地方的工资是不尽相同的,并且这些差异并不是由于生活成本差异所致:

贫穷劳动者购买的一切物品,在我国的大都市和偏远地方,价格同样低廉,或者大城市方面还较低廉些……但大城市及其附近地区的劳动工资,往往比数英里以外地方的劳动工资,高五分之一或四分之一,即高出百分之二十或百分之二十五。

雇主获胜的程度并不总是相同的,其原因是,财富不过是决定议价能力的因素之一。其他因素包括:(1)工人组建工会的能力;(2)雇主组建其自己的联盟的能力,以及诸因素中最重要的,(3)雇主运用政府力量削弱工人工会的能力:

第二部分
工资理论

（工人们）有意向团结起来是为了提高劳动工资……［工厂主］则是为了降低劳动工资……工厂主在此类场合［罢工和其他劳工行动］下……从没停止过大叫大嚷地要求地方民事法官予以帮助，要求严格执行那些本已颁布的，用以如此严厉地对付雇工、劳工和佣工联合［工会］的法律。

如果工人成功地获得了更高的工资，这对于"国民财富"而言是一件好事吗？根据斯密的看法是这样的，因为工人的福利本身就是"国民财富"：

下层民众的境遇的这种改善能够被视作是社会的一大优势抑或是一大麻烦？初看起来答案似乎一目了然。在每一个大的政治社会中，不同类型的雇工、劳工和佣工都占据大得多的比例。但是，使大部分人的境遇得到改善的，绝不能被视作是全体的一大麻烦。如果绝大部分社会成员都贫穷而悲惨，则没有哪个社会能够肯定是繁荣且幸福的。而且，仅当那些使全体人民有食果腹、有衣御寒和有屋可住的人应该拥有其自身劳动产物的一部分，从而使他们自己有食果腹、有衣御寒、有屋可住尚且过得去的时候，才能算是公平的。

高工资难道不会像新古典经济学家认为的那样，导致失业率上升吗？斯密没有考虑这种可能性。他的确相信失业率和工资之间有联系，但他相信二者是一种此消彼长的关系：高失业率导致工资下降，

第9章
古典工资理论

低失业率导致工资上升。那么，是什么导致失业率水平的变化呢？不是工资而是发生在劳动力市场之外的事件："正由于对劳动力的需求在突然而异常丰富的年份增加，而在突然而异常短缺的年份减少，劳动的货币价格有时候在前一种情况下上升，而在后一种情况下下降。"这类事件可能是什么样的事件呢？斯密援引战争作为一种可能性，但还存在许许多多多的并不全是人为的他种可能性，比如导致农作物歉收的天气。如果斯密生活在我们的时代，他无疑会把次贷丑闻之后消费者和投资者信心的丧失，作为失业率上升的原因。

"如果绝大部分社会成员贫穷而又悲惨，则没有哪个社会能够肯定是繁荣且幸福的。"

图9.1　亚当·斯密（1723—1790）

斯密大概希望自己的著作能够说服政府站在工人一边，但这没有发生。1800年，即他去世之后10年，英国议会通过了一项结社

第二部分
工资理论

法案，法案宣布：

> 每一个……即将……进入任何社团，以获得工资的增加［上升］，或者减少或改变工作时数或时长，或者减少工作量，或者出于任何其他目的的……劳动者……任何时候都不得被处以……超过3个日历月份的监禁；或者在他种情况下任何时候不得被处以……超过2个日历月份的某种劳动教育。[2]

大卫·李嘉图（1772-1823）

英国经济学家大卫·李嘉图将斯密的工作继续开展下去。[3]1815年，英国的地主阶级说服议会通过了对进口食品征收关税的"谷物法"。英国实业家反对征收关税，因为他们认为更高的食品价格将导致更高的工资，从而导致更低的利润。对于身为伦敦证券交易所会员的李嘉图来说，这种情况给他提供了一个机会，去研究价格在一般情况下是如何被决定的。结果产生了两个理论：一个是工资和利润理论，另一个是地租理论。

李嘉图的工资和利润理论跟亚当·斯密的理论如出一辙。不过，他的地租理论有了新的突破，因为该理论引进了"边际生产率递减"概念。李嘉图相信这个概念只适用于农业，而且即便在这方面也不适用于劳动者个体，而是只适用于结合了劳动者和他们用以操作的

第9章
古典工资理论

资本品的情况。正如我们将在下一章中看到的，克拉克后来把这个概念应用于工人个体，并使之进入了他本人的工资理论。

李嘉图的工资和利润理论

根据李嘉图的理论，工人赚得的工资等于其维持生存所必需的生活资料的价值。他把这个工资称为劳动的"自然价格"。尽管如此，李嘉图强调，劳动的"自然价格"并不是由其本性所决定的，而是"习惯和风俗"使然："这并不是要人这样去理解，即，即使用食品和必需品估计，劳动的自然价格是绝对固定的、不变的。它在同一个国家不同的时间也是不同的，而在不同国家则显著不同。这在本质上取决于人们的习惯和风俗。"[4]但一时一国的"习惯和风俗"是如何被决定的呢？当食物价格上涨时何者使工资上涨，比如当政府通过"谷物法"时所导致的那样？李嘉图没有说，也许是因为他预期自己的读者熟悉斯密在《国富论》中的解释，即工人和雇主就工资讨价还价，而最终结果是由他们的相对力量所决定的。

根据这个解释，利润是一种剩余。一家公司在市场上销售其产品，同时市场上有许多其他公司也销售相同的产品；该公司无法将其收取的价格提高到高于其竞争对手的价格，因此该公司是"价格接受者"。该公司按"市场价格"销售其产品并获得收入。公司从这个收入中拿出钱来支付诸生产要素的成本：原材料、电力、维护、磨损和资本品（机器及建筑物）以及劳动。剩下的钱就是公司的利润。因此，假如一家公司对某种产品收取的价格保持不变，那么较

第二部分
工资理论

高的工资就意味着较低的利润,反之亦然。

李嘉图的地租理论

在李嘉图的模型中,农业生产涉及三方:拥有土地的地主、出卖劳动力的劳动者以及从地主手上租到这块土地,加上自己所拥有的资本品(马和犁就是资本品的例子)并雇用工人来耕作土地的农场经营者。农场经营者出售所生产的食物,并把所得收入用于支付给地主的租金及工人工资。工资水平由我们已经熟悉的"习惯和风俗"所决定。租金水平则是由土地肥力所决定,这些将在下文解释。支付完租金和工资之后的剩余就是农场经营者的利润,它可被视为向农场经营者配备给工人的资本品及其组织和管理工作的支付款。

当然,农场经营者可以随心所欲地自由进入或退出农场经营。若农场经营的利润低于行业利润,农场经营者将转身为实业家。这将增加工业品的供给,导致工业产品的价格下降,进而导致工业利润下降,直至工业利润和农业中的利润恢复到相等。本书第一部分介绍的价格规律因而是与利润规律并行的。

为了简化自己的理论,李嘉图作了三个假设。首先,他假定每名劳动者使用完全相同的工具或资本品;一个劳动者与其用以劳作的工具合在一起构成一个单元,李嘉图称之为"劳动单位"。其次,每块土地刚好可由一个劳动单位耕种。第三,各个劳动单位是可以互换的,即各劳动单位的生产率是没有差别的。

每块土地的肥力各不相同,土地越肥沃,耕作它的劳动单位所

第9章
古典工资理论

生产的产量就越高。由于农场主之间对土地的竞争，一块土地的租金能够充分反映土地的肥力。任意一块土地的确切租金，是通过把肥力最差的土地的租金，再加上这块土地上的农作物价值与肥力最差的土地上的农作物价值之差来计算的。

表9.1包含李嘉图自己的数据，并可用于考察在给一个劳动单位的支付款（它包括工人的工资和农场经营者的利润）、投入生产的土地数目和每块土地的租金之间的关系。[5]第二栏列出了每块土地被投入耕作时的产量（蒲式耳小麦）。李嘉图将它称为"一个劳动单位的边际产出"，因为它显示了当该土地投入生产时总产量能够增加多少。第一个劳动单位的边际产出使总产量增加180蒲式耳，第二个单位增加170蒲式耳，依此类推，反映了土地递减的肥力。李嘉图本来可以称之为"一个劳动单位和一块土地的边际产出"，但他把土地排除在外，因为土地是一直存在着的，即便是在不耕种的时候。表的最后一栏，"边际产出的价值"或VMP，只不过是用第二栏乘以一蒲式耳小麦的价格，这里假定一蒲式耳小麦的价格为50美分。

表9.1 小麦产量

投入的劳动单位／土地数量	劳动单位的边际产出（蒲式耳）	合计产出（蒲式耳）	边际产出价值（1蒲式耳=50美分）
1	180	180	90美元
2	170	350	85美元
3	160	510	80美元
4	150	660	75美元

第二部分
工资理论

那么，每块土地的租金是多少呢？这是用所产生的收益减去一个劳动单位的报酬（劳动者的工资总额及农场经营者得到的利润）来确定的。假设一个劳动单位普遍的报酬是82.50美元。租用头等肥力土地的农场经营者出售价值为90美元的粮食；在支付了劳动单位（即支付那名劳动者和他自己）的报酬之后，还剩余7.50美元用以支付租金（农场经营者也许希望能够自己保有这笔钱，但他是在与其他农场经营者竞争土地，这就使得他支付的租金必然是7.50美元）。对第二块土地作同样的计算。租用次等肥力土地的农场经营者出售价值85美元的粮食。他肯定仍要支付劳动单位82.50美元，所以他能支付地租差额——2.50美元。但是，没有哪个农场经营者会租用第三块土地了，因为得自该土地的作物的价值为80美元，还不够支付其劳动单位的报酬。不同土地的VMP表由图9.2表示。

如果一个劳动单位的报酬上升到85美元以上，那会发生什么呢？在这种情况下，一个劳动单位都不会被雇用。然而，若一个劳动单位的报酬下降到80美元以下，就能够再多雇用一个劳动单位。

重要的是要注意到，若给定劳动单位的报酬，投入生产的土地数量就会自我调整，使得报酬大致等于那个对投入生产的头等肥力土地进行耕作的劳动单位的VMP。在我们的例子中，报酬是82.50美元，耕作肥力最差土地的劳动单位的VMP是85美元。如果报酬仅为72.50美元，就会再将两块土地投入生产，耕作肥力最差土地的劳动单位的边际产出价值将是 75 美元。事实上有许多块土地，而且各块土地之间的肥力变化是很小的。这意味着，在现实中，图 9.2 中的曲线是平滑的而不是台阶式的，且每一个劳动单位的报酬要么十分接近，要么实际上等于耕作肥力最差土地的劳动单位的 VMP。

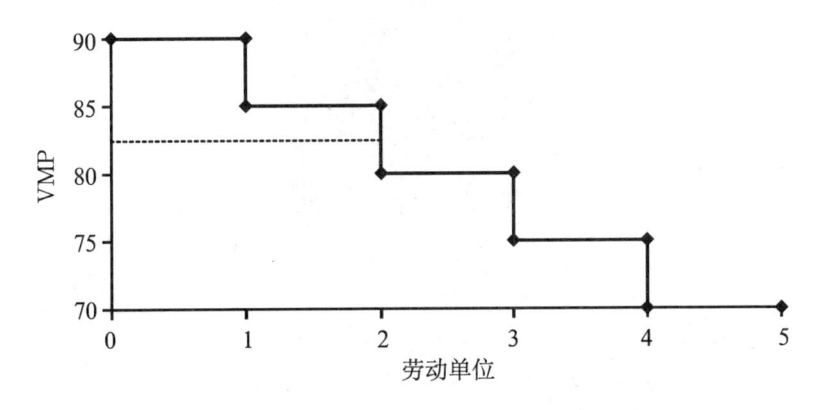

图9.2　劳动单位的边际产出价值

工业中的VMP

工业生产往往不是通过由劳动者和资本品构成的劳动单位来进行的，而是通过由大量工人组成的团队进行的，他们使用不同的技能，操作不同机器来执行不同的任务。然而，在工业生产中，未起作用的是土地的肥力。因此，与农业生产中劳动单位的 VMP 不同，根据李嘉图的观点，工业生产中各团队的 VMP 曲线如图 9.4

第二部分　工资理论

所示的那样是平的。[6] 在农业中，使劳动单位数量翻番可能需要耕作次等肥力的土地，而在工业中，使团队数量翻番意味着使产量翻番。

"劳动的自然价格……主要取决于人们的习惯和风俗。"
图片来源：霍尔；承蒙国会图书馆提供照片

图9.3　大卫·李嘉图（1772—1823）

工业工人的VMP

在农业中，劳动单位的报酬等于耕作肥力最次土地的劳动单位——或"边际劳动单位"——的VMP。在工业中，所有团队的VMP都相同，因此，任何一个团队的报酬都等于其本身的VMP。工资或利润跟VMP之间是否也存在一个类似的关系呢？一名工人的工资等于工人的VMP，且资本品所有者的利润等于这些资本品的VMP？

第9章
古典工资理论

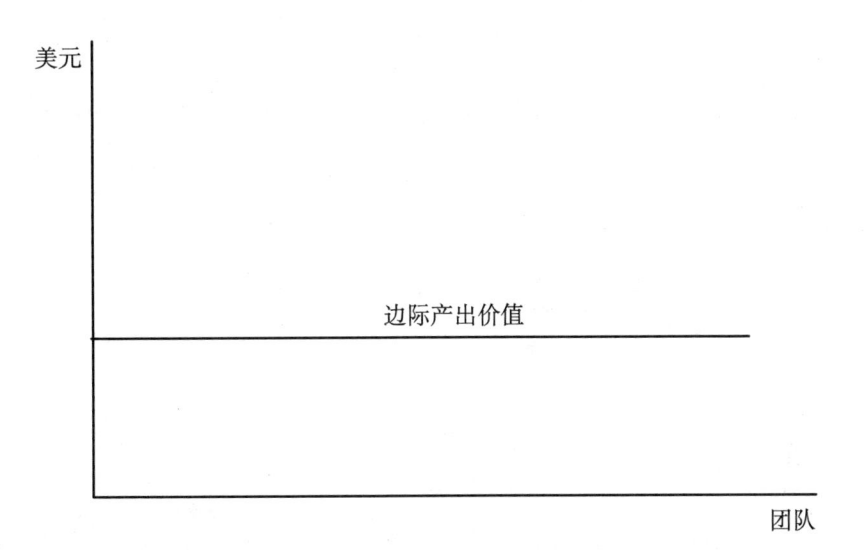

图9.4 工业中团队的边际产出价值

根据李嘉图的观点，劳动单位的产出在劳动者和农场经营者（他拥有劳动者用以劳作的资本品）之间的分配是由"习惯和风俗"决定的。为什么不是由VMP决定呢？因为若无资本品（马和犁），工人的产出就是零，同样道理，若没有工人的劳动，资本品的产出亦为零。或者，若不把边际产出解读为零，那么，可以把它们看做是跟它们所属劳动单位的生产率不可分割的，因此是无法度量的。

当然，资本品的使用并不局限于农业。我们已经观察到，司机若没有出租车就不可能提供载客服务，出租车若没有司机也不能载客，这意味着每一方的VMP都是零，或者是不可度量的。

事情往往是，任何一名工人或一台机器的边际产出，甚或任何一群工人连同所用机器的边际产出，都是不可度量的，除非所有的

第二部分
工资理论

工人和所有的机器被组织在一起。因此，参与修建一座建筑物的所有工人和所有机器——他们是推土机的操作者及他们所操作的机器，倾倒水泥的劳动者及他们所使用的混凝土泵，竖起框架的金属工人及把金属运送给他们的起重机，携带各自工具的水管工及电工——合在一起就组成一个团队。该团队的边际产出是一幢高楼。但这些工人中，每名工人的边际产出或工人所操作的机器中每台机器的边际产出都是不可度量的。有一个俄罗斯民间故事最好地阐明了这个经验教训。

> **拔萝卜**[①]
>
> 从前有一个农夫，他想吃萝卜，于是他就走到自己的地里，想把那个大萝卜从地里拔出来。他拔呀拔呀，但不论他怎么用力，都没有把萝卜拔出来。于是农夫叫他的妻子来帮忙。"老伴，老伴"，他叫道，"快来帮我一把。我拔呀拔呀，可萝卜就是拔不出来。"于是，丈夫在前面拔萝卜，妻子在后面拉着丈夫，但萝卜还是没拔出来。农夫和他的妻子于是叫他们的儿子来帮忙，当这样还是无济于事的时候，他们又叫来了他们的女儿。就这样，他们一直叫来越来越多的帮手，直到农场里所有的人和所有的动物都来拔萝卜。猫拉着狗，狗拉着猪，猪拉着公牛，公牛拉着母牛，母牛拉着农夫女儿，农夫女儿拉着农夫儿子，农夫儿子拉着农夫妻子，农夫妻子拉着农夫，农夫拉着萝卜拔呀拔，但萝卜仍然纹丝不动。再没有其他人可以叫来帮忙了，于是他们叫来农场里的最后一个动物，一只小老鼠。"小老鼠，小老鼠"，他们叫道，"快来帮忙。我们拔呀拔呀，可是萝卜拔不出来。"只有当老鼠施以援手的时候，萝卜才终于拔了出来。

[①] 《拔萝卜》这个故事最早由俄罗斯的阿尔克谢·托尔斯泰所写，是一个十分幽默的民间童话。

第9章
古典工资理论

图片来源：吉姆·福里斯特所著《拔萝卜的故事》中的插图，伦恩·芒尼克绘制，马歇尔·皮克林公司①1988年首次出版，英国贝辛斯托克市。

图9.5　团队生产

那么，小老鼠的边际产出是什么呢？整个萝卜，因为没有它，根本就不会拔出萝卜。这个团队任何其他成员的边际产出是什么？还是那整个萝卜，因为没有其中的任何一个，都不会拔出什么萝卜（团队每个成员的边际产出也为零，因为没有团队的所有其他成员，萝卜就会一直待在地里）。然而，团队的不同成员不可能每一个都获得其边际产出的价值，因为他们只有一个萝卜。显然，拔萝卜的过程不可能告诉我们，萝卜将要或应该怎样在团队成员中间分

---

① 它是哈珀·柯林斯出版集团下属出版机构之一。

第二部分
工资理论

配。当然，他们可能全都同意把它平均分开，但一个现实的结果会是有人拿"大头"，这符合斯密的工资理论及李嘉图的工资理论。

注　释

1. 所有相关引用皆摘自亚当·斯密，《国富论》第 1 册，第 8 章，http://www.readprint.com/chapter-8614/Adam-Smith（2009 年 5 月 26 日查阅）。

2. 阿斯皮诺尔和安东尼·斯密编撰，《英国史实文献》，卷 11，1783-1832（纽约：牛津大学出版社，1959），页 749-52，http://www.marxists.org/history/england/combination-laws/combination-laws-1800.htm（2009 年 5 月 26 日查阅）。

3. 对李嘉图及对边际生产率理论的讨论主要仰仗于琼·罗宾逊和约翰·伊特维尔，《现代经济学导论》（伦敦：麦格劳－希尔图书公司，1973 年）。

4. 大卫·李嘉图，《政治经济学及赋税原理》，第五章，"论工资"（伦敦：约翰·莫瑞出版社，1817 年）http://www.econlib.org/library/Ricardo/ricP2.html（2009 年 5 月 26 日查阅）。

5. 参阅哈伊姆·巴尔凯，"李嘉图论成长型经济的要素价格和收入分配"，《经济学刊》新辑，卷 26，第 103 期（1959 年 8 月）页 240-50。

6. Ibid. 同上。

第 10 章

新古典工资理论：约翰·克拉克

对于 19 世纪大多数时间来说，工作时间是从日出到日落，薪水不是按小时而是按天支付的。1884 年，美国工人发起了一场运动，旨在将每日工作时间限制在 8 小时，他们设定一个达到这一目标的截止日期：1886 年 5 月 1 日。当这一天到来，而每日工作时间没有任何限制的时候，工人们在全国各地的城市包括芝加哥举行游行示威活动。这些示威活动都是和平性质的，但两天后的 5 月 3 日，芝加哥警方袭击了麦考密克收割机公司手无寸铁的罢工工人，造成 6 名工人死亡。第二天，一场抗议集会在芝加哥干草市场广场爆发，警察也袭击了这场集会。一枚炸弹在袭击的警察中间爆炸，一名警官被炸死，警察随后向人群随意扫射。总的死伤人数不详，因为各家各户都害怕去上报他们的死伤情况。也有几名警察受伤，主要是被自己人误伤的。[1] 干草市场广场大屠杀之后，8 位工会领导人因发

第二部分
工资理论

表了"煽动性的演讲和出版物"而被指控犯有谋杀罪,并被判处死刑,其中四人被绞死。[2]

鉴于这种社会动荡,哥伦比亚大学一位经济学教授约翰·克拉克,表达了经济学家所面临的问题:

> 劳动阶级的福利取决于他们的所得是多还是少,但他们对其他阶级的态度——以及进而社会状态的稳定——主要取决于这样一个问题,即他们所得到的财富数量,不论多少,是否是他们所生产的。如果他们创造少量的财富且得到这整个财富的话,他们可能不会去寻求彻底改变社会,但如果看起来他们创造了相当的财富,而只得到其中的一部分,那么,他们当中的很多人就会成为革命者,而且他们全都有权这样做。笼罩在社会上的控诉是"剥削劳动"。"工人,"有控诉称,"创造的财富经常遭到抢劫。这是在法律的形式之内而且是通过竞争的自然运行进行的。"如果这一控诉被证明成立的话,那么,每一个正直人士都将会变成社会主义者,这么一来,他们在改造工业制度方面的热情就能衡量和表达他们的正义感。然而,如果我们要去检验这个控诉,我们就必须进入生产领域。为了看清楚竞争的自然结果是否会给予每一个生产者所明确创造的那部分财富量,我们必须把社会工业产出拆分成其构成元素。[3]

克拉克把这项任务扛在了他自己的肩上。1899 年,他发表了一个新的工资理论——边际生产率理论,该理论证明了,"竞争的自然

第10章
新古典工资理论：约翰·克拉克

结果是要……给予每一个生产者所明确创造的那部分财富量"（在同一时期，欧洲另一位经济学家帕累托正忙着与功利主义作斗争，要求进行收入再分配）。克拉克的理论包括主张工人应该获得他们所创造的边际产出的价值。

克拉克的工资理论

李嘉图明确表示，他对劳动单位的 VMP 的分析不能用于对工人工资与该名工人所用资本品的拥有者的利润作比较，因为团队某一成员的产出与所有其他成员的产出是密不可分的。克拉克完全忽略这一点。他对经济学的一大贡献是主张工资由工人的 VMP 决定，关于后者，克拉克（与李嘉图不同）觉得这个是可以被量化的。为了使读者信服，他举了一个汽船的例子，并将之应用到所有其他行业上：

> 尽管 100 个人就能使一艘轮船航行起来，但 105 个人也许可以使轮船行驶得更好……如果这样接纳这些新的人员，那他们的整个产出就要给予他们……在工厂、矿山、商店、锅炉等领域，用这种方法经常有机会在不影响所有者收入的情况下，能够在较小的范围内改变所雇人员的数量。如果这样接纳新的人员，他们的整个产出就要给予他们。[4]

| 149 |

第二部分
工资理论

"不影响所有者的收入"这个条件意味着，在不增加资本品的情况下把更多的工人投到生产上。这是必要的，否则的话，就不可能把加进来的那名工人的边际生产率，跟该工人与其用以劳动的资本品（资本品由雇主所有）合在一起的生产率分离开来。哎呀，克拉克自己列举的例子竟然凸显了这种情况多么不可能出现。如果轮船添加更多的水手，额外的燃料和食物也就必须增加，住宿和生活设施也必须跟上。由于蒸汽机需要燃烧更多的煤炭，厨房需要烹饪更多的食物，排污管道需要处理更多的废物，那么，甚至可能有必要增加水手使全体船员适应更大的规模。因此，既由于轮船雇用船员要求资本投资，又因为驾驶轮船是一种团队（全员式）生产，克拉克度量一名水手个体的边际产出的方法是不可行的。除此之外，额外的船长或额外的厨师将怎样使轮船"行驶得更好"呢？

无论是克拉克还是其他经济学家，自此之后均未能提出一种度量劳动的边际产出的方法，因为找到一种生产过程，使得有可能添加一名工人而无需增加任何资本，这是非常困难的，还因为把某一工人的 VMP 分离出来是不可能的。在下文的照片中，若增加一名沥青生产机器的操作员，或者增加一名翻斗车司机，若没有额外的沥青生产机或卡车，他们能够做什么？增加一名主管，若未增添额外的人手由他管理，他能做什么？不仅是沥青生产团队各个成员的边际生产率为零，而且整个沥青生产团队的边际生产率也为零，因为除非铺设新的沥青，否则是没有道路的。虽然沥青生产团队是有生产性的，但团队每个成员的生产率，无论是工人的或机器的，都

第10章
新古典工资理论：约翰·克拉克

是与其他成员密不可分的，因而是无法量化的。

然而，甚至在连一个关于实际度量任一企业中劳动边际产出的例子都没有的情况下，克拉克和新古典主义经济学家就照抄李嘉图关于农业中劳动单位的边际产出曲线，而描述了一条劳动的VMP曲线。李嘉图相信，自己的边际生产率理论只适用于劳动单位，但不适用于劳动，他还声称，劳动单位的边际生产率下降发生在农业而非工业中。新古典主义经济学家却去除了李嘉图所有的限制条件，声称（1）一名工人的边际生产率是可以从其所属团队的生产率中分离出来的；（2）可以在不添置任何工具或资本品的情况下把工人添加到生产上；（3）由于以这种方式把工人添加到生产上，他们的边际产出会减少。所有这三个论证不是针对特殊情况，而是作为一般规则提出的。

图10.1 沥青生产

第二部分
工资理论

图 10.2 给出了克拉克的新古典工资理论。在任何一种产品的生产中，都有一条工人的 VMP 曲线，曲线是向下倾斜的，酷似李嘉图关于农业中劳动单位的 VMP 曲线。当工资为 W_0 时，L_0 名工人被雇用。但当工资涨到 W_1 时，只有 L_1 名工人被雇用，因为工人的边际产出是下降的。不论在哪种情况下，支付给最后那名被雇用的员工的，都是其自己的边际产出价值，或者说其所生产的产品的全部价值。既然工人们是可互换的，任何工人都可以是最后一名被雇用的工人，因此任何工人都被支付了其所生产的产品的全部价值。

通过大变戏法，使得随工人增加而递减的劳动边际产出成为可分离的和可量化的，克拉克的使命完成了。我们现在"看到"，"竞争的自然结果是……给予每一个生产者其所明确创造的那部分财富量"。如果工人提高工资的要求得到满足，结果将会是失业。当然，这个论点唯一的问题是，劳动的 VMP 根本不存在。图 10.2 中的 VMP 曲线是虚构的，因为劳动的 VMP 与其所属团队的产出是密不可分的，在不增加任何额外的资本品或其他工人的情况下，工人是不能一个一个地添加到生产上的。

那么，经济学家是如何让自己的学生相信，劳动的边际产出是可分离的且随着工人的增加而递减的呢？他们引用了什么证据？因为根本没有证据，每位经济学教授只好自作主张，炮制出自己的寓言故事。根据维基百科劳动经济学词条的作者的说法：

第10章
新古典工资理论：约翰·克拉克

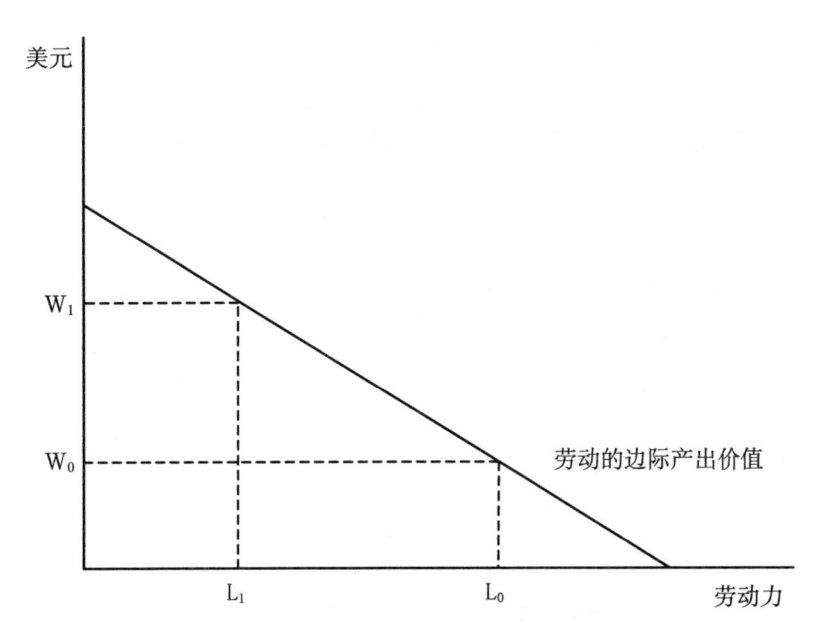

图10.2 新古典主义的边际产出价值

举一个关于雇用劳动力驾驶卡车运输货物的例子。假设可用的卡车数量（资本）是固定的，那么，投入的劳动力这一变量的量可以是变化的，由此产生的效率也是变化的。至少需要一名劳动者（司机）。给每辆车额外配备工人在装运、卸载、导引或者昼夜不停地连续驾驶方面是有生产性的。但若达到某个临界点，劳动的投资回报将开始减少，效率将下降。每台车辆配备劳动力的最有效方案，可能是一名司机外加一名执行其他任务的工人（每辆卡车配两名工人将比每辆卡车配五名工人更有效）。[5]

第二部分
工资理论

根据巴诺公司的"火花笔记网"①：

比如，想像一下一家小型家具店在招聘工人。第一名工人一个人就能做得很好。第二名工人可能也是有生产性的。可是，第十六名工人大概就什么都做不了了，因为不会有足够的空间或工具来做家具。在第二名和第十六名工人中间，我们会看到边际生产率逐渐下降，这一趋势我们称之为收益递减规律：更多的工人也许能够提高生产力，但是每名工人的贡献越来越小，直至边际产出（MP）为零。[6]

在广受欢迎的经济学教科书《中级微观经济学》中，我们在前文讨论帕累托效率时提到过的哈尔·范里安②向读者保证，存在着一条"(任一生产要素的)边际产出递减规律"。它实际上并不是一条"规律"，范里安写道："它只是大多数类型的生产过程的一个共同特性。"[7] 由于这是"大多数生产过程的一个特性"，劳动的边际产出价值是范里安提出的唯一的工资理论。

伴随这些话而来的问题是，虽然它们隐含地宣称它们是依据日常经验得出的，但它们实际上与日常经验相矛盾。首先，这些例

---

① 巴诺公司，美国最大的书店零售商，在美国纽约证券交易所上市。"火花笔记网"，当今最流行的学习指南网站，最初是由几名哈佛学生创建的"火花网"，2001年被巴诺公司收购。

② 哈尔·范里安，一位研究微观经济学和信息经济学的著名学者，撰写过两部畅销的教科书：《中级微观经济学》和《微观经济分析》。

第10章
新古典工资理论：约翰·克拉克

子本身并没有显示出作者所说的它们应显示出的东西。往返建筑工地运送沙土的自卸卡车行驶距离短，对于额外的司机或装卸工而言没什么用处。水泥卡车同样如此，因为它们把所载货物自动倾卸到混凝土泵中。第二名司机的边际生产率在所有这些情况下都将是零，而且那名在役的司机也是如此，因为若没有卡车，他根本什么东西都运不了。这么一样，卡车怎样可能是工人边际生产率递减的一个例子，以及工人的VMP怎样用于解释工人的工资呢？

至于"火花笔记网"声称的，若一家家具厂中第二名木匠的边际生产率很高，而第十六名木匠的是零，那么二者之间的那些木匠的边际生产率肯定是逐渐下降的，这是很值得怀疑的。正如下面的照片所显示的，木匠在工作台上使用工具工作，而李嘉图的劳动单位兴许是对这样一种生产方法的最好描述。除了因个人的灵巧性而带来的差异，所有劳动单位的边际产出是完全相同的，虽然一名木匠在没有工作台和工具时的边际产出为零。

然而，学生的注意力被转移开去了，因为他们没有注意到普遍存在着各种明显不符合工资的VMP理论的例子，这样的事实甚至更加令人不安。为什么所讨论的是卡车，而不是出租车和公共汽车？是因为在这类例子中，司机的边际生产率与他们所驾驶的资本品之间的密不可分是如此的明显吗？为什么在很少学生见过家具厂的情况下讲述有关家具厂的寓言故事，而不是让学生们的注意力转向团队生产，尽管每一个正在兴建的建筑工地或道路均能如此清晰

第二部分
工资理论

地显示这一点？范里安在学生们每一天目睹的大多数生产过程与自己的说法相矛盾的时候，怎么能向自己的读者保证边际生产率递减是"大多数生产过程的一个特性"呢？

图片来源：照片库，伯勒尔收藏品，格拉斯哥

图10.3 家具厂

倘若学生们已经知道了克拉克害怕工人们因痛感受剥削而掀起的社会动荡，了解了导致他恐惧的诸般历史事件，学生们的天线可能早就竖起来了。由于没有这样的讨论，他们将他凭空炮制的关于劳动的 VMP 递减规律，作为一个科学的观察结果接受下来，并把这个虚构物传授给他们自己的学生。在经济学家当中，克拉克备受尊崇：美国经济学会每年都会把约翰·克拉克奖授予年龄不到 40 岁的、在该领域作出了最重要贡献的美国经济学家。

第10章
新古典工资理论：约翰·克拉克

"笼罩在社会上的控诉是'剥削劳动'……如果这一控诉被证明成立的话，那么每一个正直之士都将变成社会主义者……"

图片来源：承蒙哥伦比亚大学约翰·克拉克论文、善本和手稿图书馆提供照片。

图10.4　约翰·克拉克（1847—1938）

注　释

1. "1886年5月4日：干草市场广场悲剧"，芝加哥公共图书馆，http://www.chipublib.org/cplbooksmovies/cplarchive/chidisasters/haymarket.php（2009年5月27日查阅）。

2. 干草市场暴乱事件之后，5月1日被定为国际劳动节，且多国举行庆祝活动，尽管当时未在美国发生。

3. 约翰·贝兹·克拉克，《财富的分配：工资、利息和利润理论》（纽约：麦克米伦出版社，1899年），第1章，http://www.econlib.org/library/Clark/clkDW1.html（2009年5月26日查阅）。

第二部分
工资理论

4. 克拉克,《财富的分配》,第 8 章,http://www.econlib.org/library/Clark/clkDW8.html#VIII.11 (2009 年 5 月 26 日查阅)。

5. "生产理论基础",维基百科,http://en.wikipedia.org/wiki/Production_theory_basics (2009 年 5 月 26 日查阅)。

6. 安琪拉·蔡,"火花笔记:劳动力需求",http://www.sparknotes.com/economics/micro/labormarkets/labordemand/section1.html (2009 年 5 月 26 日查阅)。

7. 范里安,《中级微观经济学》,页 312。

第11章

证 据

20世纪初叶，古典工资理论（基于这样的观察：各个劳动者的边际生产率是不可分割的）被新古典工资理论（声称劳动者的边际生产率是可分割的）所取代。是否有任何经验证据证明这种转变是正确合理的呢？一名劳动者个体的边际生产率是否已经独立于其所在团队的生产率而被度量了呢？不，根本没有。在某种程度上这不足为奇。能够证明工资的VMP理论是错误的证据在我们身边比比皆是且一目了然。当司机的生产率无法从司机-公共汽车的生产率中分离开的时候，VMP理论怎么能够解释公共汽车司机的工资呢？对于公共汽车和司机正确的，对于企业的首席执行官们同样正确，后者有极大的优势来利用无法度量团队生产中个人的贡献这一事实。马金龙2001年担任辉瑞公司的首席执行官，在他任职的5年期间，辉瑞公司的股票价值下降了46%（图11.1）。然而，马金龙在此期

第二部分
工资理论

间获得了6 500万美元的报酬。在一次股东大会的投资者提问环节，拉杰什·库马尔，一名整形外科医生和辉瑞公司的股东，质问马金龙先生，鉴于他糟糕的业绩记录，为什么他在两天之内就获得了堪比身为外科医生的自己一整年的收入。马金龙既未被要求回答这个问题，也没有退回这笔钱。相反，虽然股东们的愤怒导致他辞职，但他额外获得了一笔包括1.8亿美元在内的退休津贴。因为边际产出是不可分割的，任何人，包括董事会在内，都无法证明这个衰落是他的边际产出，或他本人并没有创造出价值6 500万美元的产品。辉瑞公司的薪酬委员会主席（及麻省理工学院理事会主席）达纳·米德解释说，马金龙的薪酬是建立在"市场力量"之上的，事情就是这样。[1]

资料来源：基于下述网址的一张图示：http://iproceed.com/images/pfizer-stock-chart.jpg

图11.1 马金龙治下的辉瑞公司

第11章
证据

迁延多时的2007–2008年度美国电视编剧罢工事件清楚地证明了，决定团队产出如何在成员之间分配的，并不是每个成员所生产的东西，而是赤裸裸的力量对比。观众们可能把编剧视作一档节目能否成功的至关重要的人，但实际上决定编剧的工资的，并不是他们的重要作用，而是他们与其他编剧团结起来，一起与自己的雇主（他们声称正是他们投入的钱才使得节目可能面世）作斗争的能力。

根本无需任何实证检验来验证在绝大多数情况下，每名劳动者个体或每单位资本的边际产出与其所属团队的产出是不可分离的，因此经济学家能够如此成功地对新古典工资理论中的这个根本缺陷视而不见是非常有趣的。然而在1984年，即克拉克变戏法般地炮制出工资的边际生产率理论之后的85年，经济学家罗伯特·弗兰克经搜寻找到了一个行业，他相信在这个行业中，劳动者个体的边际生产率是可以分离的：销售。他研究了在这一行业中劳动者是否赚到其边际产出的价值，并声称已发现他们赚不到。但是正如我们将看到的，既然不清楚一名销售人员的边际生产率是否实际上是可分离的，或者该销售人员及其所供职的公司是否构成了一个团队，弗兰克的证据很可能是无效的。

2001年，经济学家奥利·阿申费尔特和斯捷潘·朱拉达采用另一个方法来检验工资的VMP理论。若劳动者的边际产出是可分离的和可度量的，那么两名用完全相同的工具和完全相同的要素创造了完全相同产出的劳动者，应该获得完全相同的工资。然而，正如

第二部分
工资理论

我们将要看到的,奥利·阿申费尔特和斯捷潘·朱拉达发现,劳动者——根据这一理论,劳动者具有相同的边际生产率——之间的工资差距非常之大。

销售人员

乍看起来,度量销售人员的边际生产率也许再简单不过了。罗伯特·弗兰克就相信这一点,而这正是他在自己的研究"给工人支付了他们的边际产出了吗?"中所尝试去做的。[2]

在我国许多地方,房屋销售包含两个阶段。在第一个阶段,一名"挂牌经纪人"找到一个房子卖家,并把供出售的房子列在"可售清单"中。清单是向所有的房地产经纪人开放的。在第二阶段,任何一家房地产企业的任何一名房地产经纪人,都可能找到该房子的一个买家。雇用了那名"挂牌经纪人"的房地产企业被称为"挂牌公司",它通常可获得卖方所支付佣金的40%。雇用了"销售经纪人"的企业是"销售公司",它获得佣金的60%。然后,这些企业中的每家公司,将其所获得的那份佣金在公司本身及相关经纪人中间分配。

弗兰克明白,那名挂牌经纪人的边际生产率是无法与挂牌公司的边际生产率分开的,因为虽然取得挂牌的是那名经纪人,但是为房屋销售做广告的是公司。可是,弗兰克认为,当一名销售经纪人

第11章 证据

找到房屋的买主时，这要严格归功于其本人的努力，他所就职的公司对于该名销售经纪人的成功未有丝毫贡献。因此，如果该销售经纪人收到5 000美元的佣金，这一切都是该销售经纪人的边际产出，如果要将其边际产出的价值支付给他，这笔钱就应该全部都给他（虽然该代理经纪人在公司办公室拥有一张桌子和电话，但对这些东西的收费应该是平摊的）。然而，弗兰克发现，取决于具体的雇主情况，该销售经纪人通常只得到这5 000美元的50%至57.5%。因此，弗兰克得出结论说，销售经纪人并未获得各自边际产出的价值。

弗兰克在一种类似的情况中发现，汽车销售人员的薪水甚至与他们的VMP相差更大。在一家典型的公司里，一名销售人员的薪水包括底薪，外加他为汽车经销店创造的额外利润的约25%。基本工资结构根本不符合工资的VMP理论。因此，弗兰克推断，公司也没有给汽车销售人员支付其边际产出的价值。

然而，尽管弗兰克言之凿凿，但在他所引用的情况中，公司没有作任何贡献这一点并不明确。假如一家销售公司没有作任何贡献，那为什么销售人员还会加入它呢？假如无需汽车经销店的任何帮助就能卖车，那为什么汽车销售人员不坐在自己家里卖车呢？

在这两个例子中，公司可能贡献的是信誉。假定那名销售经纪人没有如实说明自己所卖房屋的情况，而如果该经纪人出城了，或没有足够的用以支付赔偿的资产，那么买家该向谁抱怨呢？在汽车销售人员的例子中，信誉可能起到了一个甚至更大的作用，因为如果汽车坏了，买主可以把车退回给经销商修理。可是，若没有经销

第二部分
工资理论

商，买主将退回给谁呢？

存在这样的情况，即工人只用他们的双手干活，既无需资本，也无需与其他工人直接合作。采摘水果就是这样一个例子。但即便是在这种情况下，工人也是团队的组成部分，因为在水果可以采摘之前，果树需要种植、浇水、喷药，而且在水果采摘之后，还得运送到市场销售。单个水果采摘者的产出是与团队的产出不可分离的。

水果采摘者的例子清楚地表明了，政府政策及其执行是如何决定与雇主力量相比较的工人的力量，并最终决定着各方在双方一起创造的产出中所得到的份额。移民决定了有多少劳动者竞争水果采摘岗位。由于移民法的宽松执行，劳动者的供给是无限的，结果，农业中的工资如此之低，以至于美国人都不愿干这类工作了。

巨无霸工资

如果劳动者能够赚到其边际产出的价值，那么两个有着相同边际产出的劳动者就应该得到相同的报酬。经济学家奥利·阿申费尔特和斯捷潘·朱拉达检验了这种情况是否属实，作为一项比较世界各地工资的研究的一部分。[3] 为发现一国的工资是否高于另一国，阿申费尔特和朱拉达需要比较不同国家同一种岗位的工资。麦当劳的初级岗位符合这个标准，因为不管在哪里，这些初级岗位都是一样的。但尽管这些岗位一样，各地的货币却不一样。一种货币下的工

第11章
证据

资怎么能够与另一种货币下的工资相比较呢？阿申费尔特和朱拉达不是度量货币工资，相反，他们度量的是巨无霸工资。假设一名麦当劳工作人员的边际产出是每小时两个巨无霸。如果工资的 VMP 理论是正确的，那么在世界各地，每名麦当劳工人都应该得到每小时两个巨无霸汉堡包的价值，而无论所涉及的货币是什么。两个巨无霸汉堡包的货币价值并不重要，重要的是各国每小时的巨无霸工资是相同的。表11.1 显示了阿申费尔特和朱拉达的发现。

表11.1　　　　　　　　世界各地的巨无霸工资

国别	收银员和其他工作人员，2000年8月按巨无霸计量的每小时工作工资
印度	0.23
哥伦比亚	0.23
中国	0.36
印度尼西亚	0.36
委内瑞拉	0.41
泰国	0.43
菲律宾	0.46
俄罗斯	0.47
巴西	0.54
阿根廷	0.60
马来西亚	0.70
韩国	0.70
土耳其	0.75
捷克共和国	0.82
波兰	0.86
中国台湾地区	0.94
新加坡	1.25
中国香港	1.42
意大利（2001年）	2.04
英国	2.11

第二部分
工资理论

续表

国别	收银员和其他工作人员，2000年8月按巨无霸计量的每小时工作工资
德国	2.25
加拿大	2.40
美国	2.59
瑞典	2.60
比利时	2.65
法国	2.72
日本	3.04

如表所示，生产出了相同边际产出的麦当劳员工，他们赚得的工资是大不相同的，这取决于他们生活在哪里。在中国的员工与在美国的员工做完全相同的工作，但前者获得的巨无霸工资只是后者所得的七分之一。

之后，阿申费尔特和朱拉达把制造与建筑业工人的工资换算成美元，结果他们发现，各国建筑业工人的工资之间的比率，与各国麦当劳员工的工资之间的比率是一样的。那么，什么能够解释这些差异呢？阿申费尔特和朱拉达把差异归结于组织与结构差异，但他们没有详加说明。来自发展中国家从农村到城市打工的工人的竞争，及这些国家最低工资法的阙如，也许是这些国家的工资较低的主要原因。亚当·斯密本来会指出劳动力的大量供给削弱了工人与雇主讨价还价的能力，也可能是工人的贫困削弱了他们迫使政府通过最低工资法的能力。很明显，工资的 VMP 理论与数据不一致，而古典工资理论却能得到数据的支持。

第11章 证据

注　释

1. 格蕾琴·摩根森，"辉瑞股东投票选举董事时表现出了对薪酬的关注"，《纽约时报》，2006年4月28日。2006年7月，马金龙被迫提前退休（时年63岁，每年650万美元直至终身）。AFL/CIO，"高管贪得无厌：CEO最终的薪酬数目泄露了令人瞠目结舌的退休津贴"，http：//blog.aflcio.org/2006/07/17/executive-excess-final-ceo-pay-numbers-reveal-jaw-dropping-retirement-packages/（2009年5月26日查阅）。

2. 罗伯特·弗兰克，"给工人支付了他们边际产出的价值吗？"《美国经济评论》第74期（1994年9月），页549—71。

3. 奥利·阿申费尔特和斯捷潘·朱拉达，"工资率的跨县比较：巨无霸指数"，普林斯顿大学和CERGE-EI/查理大学，2001年10月，http：//economics.uchicago.edu/down load/bigmac.pdf（2009年5月26日查阅）。

第12章

最低工资标准

根据工资的 VMP 理论,最低工资标准若高于由市场所决定的工资,将导致企业解雇工人。这在图 12.1 中使用一条典型的下降的劳动 VMP 曲线来显示。当工资由自由市场决定时,则用 W_c(c 代表竞争性的)表示,在这个工资水平上,L_c 名工人被雇用。若通过法律规定,工资被提高到 W_{min}(min 代表最低的),则所有在 L_{min} 之外的工人的边际产出价值在突然之间低于雇主所必须支付的工资,在 L_{min}–L_c 区间的工人将失业。

雇主对最低工资标准的反应:证据

当最低工资标准提高时,雇主是否会雇用更少的工人呢?经济

第二部分
工资理论

学家大卫·卡德和阿兰·克鲁格对这个问题作了调查。[1]1992年4月1日，新泽西州将最低工资标准从联邦最低工资的4.25美元提高到5.05美元。卡德和克鲁格在此之前的一个月和之后的8个月联系了汉堡王、肯德基、温迪集团和罗伊·罗杰斯连锁①的餐厅，每次都询问他们有多少员工。卡德和克鲁格注意到，连锁餐厅能够作为指示器，最好地揭示出雇主对最低工资标准发生变化时的反应，因为它们更有可能比独立餐厅遵守最低工资法。[2]

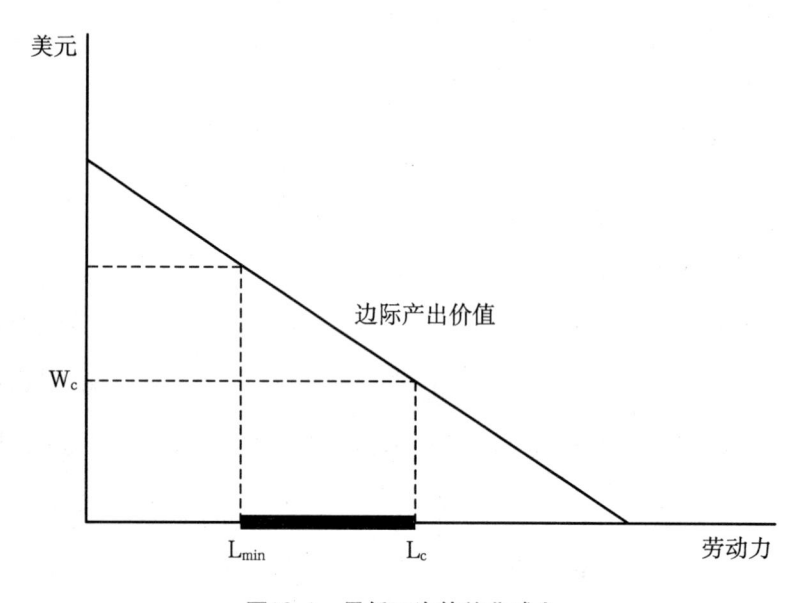

图12.1 最低工资使就业减少

由于最低工资并不是这九个月期间发生的唯一的经济变化，所以，卡德和克鲁格使用了一个控制组——东宾夕法尼亚邻近地

---

① 它们都是美国大型的快餐连锁企业。

区同一家连锁企业的餐厅，以便把新泽西州最低工资变化的影响与其他变化的影响隔离开来。在同一时期，宾夕法尼亚州的最低工资维持在 4.25 美元不变。表 12.1 总结了卡德和克鲁格的发现。

表12.1　　最低工资标准提高前后的就业率

	新泽西州	宾夕法尼亚州
提高之前一个月		
相当于全日制就业率（%）	20.40	23.30
全职员工百分比（%）	32.80	35.00
工资 =4.25 美元时（%）	30.50	32.90
套餐价格	3.35 美元	3.04 美元
开放时数（工作日）	14.40	14.50
提高之后八个月		
相当于全日制就业率（%）	21.00	21.20
全职员工百分比（%）	35.90	30.40
工资 =4.25 美元时（%）	0.00	25.30
工资 =5.05 美元时（%）	85.20	1.30
套餐价格	3.41 美元	3.03 美元
开放时数（工作日）	14.40	14.70

该表显示，在最低工资标准提高之后，新泽西州的就业率几乎没有变化，而宾夕法尼亚州的就业率有所下降。一家位于新泽西州的餐厅在最低工资变化之前平均雇用略多于 20 名员工，在此之后为 21 名员工。一家位于宾夕法尼亚州的餐厅在此之前雇用了 23 名员工，在此之后为 21 名员工。因此，最低工资标准的显著提高并不必然导致就业水平的下降。

表 12.1 还显示，最低工资标准的提高使大量的雇员受益。在提

第二部分
工资理论

高之前，新泽西州这些连锁店中 31% 的员工挣得 4.25 美元的最低工资。而在提高之后，有 85% 的员工获得了 5.05 美元的最低工资。这表明在提高之前，有许多工人的所得超过原来的最低工资，但持平于或低于新的最低工资标准。

不时有人声称，当最低工资标准提高时，雇主能够找到其他办法来减少工人的薪酬。例如，快餐连锁店给员工提供免费餐或打折餐，但卡德和克鲁格发现，这些政策在最低工资标准提高之后没有任何改变。

当连锁餐厅必须向员工支付更多钱的时候，它们也向顾客收取更多钱：最低工资标准提高之后，新泽西的就餐价格提高了约 2%。这就造成一个新的难题。由于套餐价格更高，餐厅售出的套餐数量很可能有所减少。那为什么当其营业量下降时，新泽西州的餐厅不解聘员工呢？一些经济学家认为，通过减少旷工率和营业额、提高员工士气，更高的工资能够提高劳动生产率。但最低工资的增幅为 19%，而且很难想像工人行为的这种变化能够使生产率提高哪怕这一数字的一小部分。此外，即使价格上涨并没有导致销售量下降，但销售量肯定没有增加。在销售水平持平的情况下，生产率的提高本来会导致更多的而不是更少的工人被解雇。但正如下文所显示的，一旦我们认识到生产是由团队完成，那么为什么工人未被解雇的难题就根本不是什么难题了。

第12章 最低工资标准

团队生产与最低工资

如表 12.1 所示，在卡德和克鲁格的研究中，一家餐厅雇用 20 名员工实行两班倒，每班 10 名员工。很容易就能得出结论，如果每班有一名员工被解雇，则产量将下降大约 10%，但事实并非如此。必须考虑每名员工的职能。例如，一家餐厅有 10 名员工和 3 个收款机，但少雇了一名收银员，那么该餐厅应付顾客的能力将缩减 33%，而不是 10%。在快餐店的后台，生产是沿着一条涉及不到 10 名员工的生产线组织的。这条生产线每解雇一名工人，就会使生产速度减慢 10% 以上。这就是为什么即使最低工资标准提高 19%，也未导致解雇工人的原因。[3] 由于提高了最低工资，所以员工挣得比以前稍多一点，消费者支付稍多一些，雇主大概少赚那么一点点。其他的就没什么变化了。

当然，在不影响就业的情况下，工资能够上涨到多高是有限度的。雇主必须赚到利润才能在生意场上立足。新泽西州快餐业的工作人员所面临的劳动力需求由图 12.2 所示。如果工资位于 W_{max} 之下，雇主需要 L_0 名工人。雇主和员工间的讨价还价将决定工资会落在 0 到 W_{max} 区间的哪个地方，因而也将决定利润水平为多少。新泽西州的法律规定最低工资位于 W_{max} 之下（但使利润高于零）的水平，同时改善了汉堡工人的生活，而且在口号为"来亲

第二部分
工资理论

眼看看吧"的该州证明了,工资只要上涨就会导致失业的新古典理论是错误的。

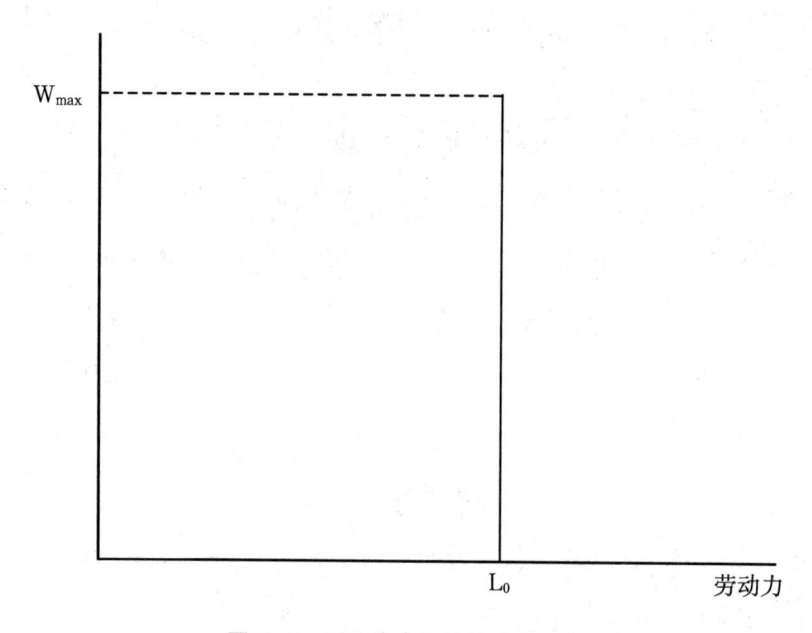

图12.2　团队生产下的劳动力需求

注　释

1. 大卫·卡德和阿兰·克鲁格,"最低工资与就业:新泽西州和宾夕法尼亚州快餐业的案例研究",《美国经济评论》第84期(1994年9月),页772-93。

2. 两位作者并未直接联系麦当劳,因为麦当劳在一项他们以前进行的调查中就已经反应冷淡。

3. 读者应该知道的是,卡德和克鲁格的结果遭到了隶属于右翼智库的经济学家们的挑战,但挑战失败了。参阅约翰·施密特,"最低工资和失业:反对增加工资的人们发现毫无作用",《经济政策研究所简报》,1996年。

第13章
工资理论与大萧条

在 1929–1939 年,美国连同世界上其他的国家经历了一场如此深重、如此漫长的经济衰退,以致被人们称为大萧条。大萧条的涵义可由单一的一项统计数据作出最好的诠释:失业率。如表 13.1 所示,在大萧条最盛之时,25% 的美国人失业。大萧条开始之后 10 年,失业率仍高达 17.2%。

那么,是什么导致了大萧条呢?答案的奖金很高,而且 70 年后,经济学家关于大萧条的看法仍莫衷一是,这一点并不令人奇怪。我们下面将会看到,不同的工资理论是大量不同意见的根源,因此,这些理论在今天仍具有重大的现实意义。

表13.1　　　　　　　1923–1942年历年失业率

年份	失业率
1923–1929	3.3
1930	8.9

续表

年份	失业率
1931	15.9
1932	23.6
1933	24.9
1934	21.7
1935	20.1
1936	17.0
1937	14.3
1938	19.0
1939	17.2
1940	14.6
1941	9.9
1942	4.7

资料来源：罗伯特·盖仁和阿尔伯特·施文克，"从一战前直至整个大萧条时期的赔偿"，美国劳工部劳工统计局，2003年，http : //www.bls.gov/opub/cwc/cm20030124ar03p1.htm。

工资和大萧条之"谜"

在1929年，经济学家相信经济能够自我调节，崩溃之后将伴随着一个短暂的使经济回到充分就业状态的调整时期。经济学家所允诺的调整过程开始于劳动力市场并且很简明。诚如我们已经见到的，经济学家相信，劳动力需求是一条VMP曲线，由于"边际产出递减规律"，VMP曲线是向下倾斜的。因此，工资越低，雇主愿意雇用的工人数量就越多。使失业状态结束所要求的一切就是让工资下降。但是，这种调整并没有发生。事实上，在第二次世界大战

第13章
工资理论与大萧条

之前，失业率一直未下降到14%之下。因此，大萧条表明市场经济并不是自我调节的。经济并没有一种总是能使经济走出衰退的机制，那么，所谓降低工资能使经济恢复到充分就业状态的观点，有什么问题呢？

一种观点——经济学家凯恩斯（1883-1946）将之刻画为"传统观点"——是，若非工资是"粘性的"，较低的工资本来会使经济恢复至充分的就业状态：尽管失业率高企，工人仍拒绝同意削减他们的工资。[1] 但在凯恩斯看来，这种观点是讲不通的：

> 把作为萧条的一大特征的失业归咎于工人拒绝接受货币工资下降，这样的论点并没有清晰的事实依据。如果说美国1932年失业的原因，是因为工人拒不接受货币工资下降，或者是由于坚持要求一个超出经济机器所能负担的实际工资率，这样的言论也不是十分可信的。[2]

凯恩斯没有把高失业率归咎于高工资，而是发展了一种新的理论——它与亚当·斯密关于就业水平并非由工资所决定的观点相一致。该理论认为，工资下降实际上有可能使失业水平上升而不是下降。

凯恩斯的解决方案

按照凯恩斯的理论，生产的目的是为了满足两种类型的需求。

第二部分
工资理论

一种是对消费品的需求，另一种是对投资品的需求。二者合在一起构成"总需求"。当总需求水平较高时，生产水平和就业水平就较高；当总需求水平较低时，生产水平和就业水平就较低。

构成总需求的两种需求的表现方式大不相同。消费者对消费品的需求遵循一种有规律的模式：人们的收入越高，他们就越想消费。然而，投资者对投资品的需求就远非那么有规律了，因为这种需求是由投资者对未来的乐观水平所决定的。当投资者较悲观时，他们会削减自己的需求，其结果就是失业。下面的例子说明了在凯恩斯的理论中，总需求水平是如何决定经济中的生产水平的。

假定当充分就业时，经济体一天共生产总价值100美元的商品和服务。这100美元也是生产这些商品和服务的工人和雇主所赚到的收入和利润的总和。工人家庭和雇主家庭使用这100美元收入的一部分，比如说90美元，来购买商品和服务用于消费（我们假定既无进口也无出口）。他们把剩下的10美元存下来。如果在同一时期投资者购买价值10美元的投资品，那么生产将继续进行，和之前100美元时的充分就业水平一样。每个时期消费者和生产者合计需要价值100美元的商品，这些商品将被生产出来，充分就业将占主导地位。但如果投资者突然之间只想投资5美元，那么将有价值5美元的商品和服务未被售出。作为回应，企业就会将其生产水平削减到95美元，这暂时也将是工人和其雇主所赚到的新的收入水平。但这不是调整的结束，投资还将下降。由于收入只有95美元，消费者将稍稍削减他们的消费，结果，就业和收入将进一步下降。收入

第13章
工资理论与大萧条

的这种二次下降本身就可能导致收入的第三次下降。那么，这种螺旋式下降何时结束呢？只要消费者想要存储的金额大于投资者想要投资的金额，就会有一些商品卖不出去，就业和收入就会下降。只有当投资者想要投资的金额与消费者想要存储的金额不相上下的时候，稳定或者说均衡才会恢复。可以通过继续列举我们的例子来阐明这一点。

我们假定不论消费者的收入水平是多少，消费者总是把收入的10%存储下来，而把收入的90%消费掉。因此，当由于投资减少，总需求和收入下降到95美元时，消费者将其消费从90美元削减到85.50美元。但这意味着总需求现在只有90.50美元（因为投资是5美元），这就导致生产水平和收入水平也下降到这一水平（否则总是有产品销售不掉）。然而，由于收入为90.50美元，则消费仅为81美元，总需求只有86美元；就业和收入再次下降。然而到最后，收入水平将下降到50美元的最低点。在这一收入水平下，消费者应该消费45美元，既然投资者应该会投资5美元，那么总需求就是50美元，恰与收入相同。生产出来的所有商品都能售出，不存在未售产品的累积。平衡得到恢复，但由于生产是在50%的充分就业水平上进行的，所以失业率为50%。

因此，根据凯恩斯的观点，决定失业水平的是投资水平，而不是工资水平。市场体系不但不是自我修正的，反而会放大对市场系统的初始扰动。投资的微小下滑就可能会导致收入方面成倍的减少以及失业方面相应的大幅增加。凯恩斯进一步认为这样的下降是不

第二部分
工资理论

可避免的。

按照凯恩斯的观点,投资者想要投资多少,取决于他们对未来经济状态的乐观程度。投资者的任务就是去预测经济未来的健康状况,但健康状况又取决于所有其他投资者的乐观程度。因此,每一名投资者都必须知道其他投资者对另外的投资者就经济未来表现所作的预测而做出的预测情况。当然,这类分析是不可能进行的。相反,投资者必须依靠"自发的乐观情绪"。正如凯恩斯写道:

> 我们的积极行动很大一部分取决于自发的乐观情绪,而不是取决于某个数学期望值,不管乐观情绪是道德方面的、享乐主义方面的,还是经济方面的。我们的积极活动(其后果许多天之后才能充分认识到)的大多数决策,大概只能被认作是动物精神——自发地急切地想要采取行动而不是不行动——的结果,而非认作是量化收益乘以量化概率所得的加权平均数导致的结果。各个企业宣称其从事经营的主要动机业已由创业时的计划书所说明,不管他们的态度是多么的坦率和真诚,那也只不过是自欺欺人而已。企业活动是以对未来收益的精确计算为基础的,这也只比去南极探险的根据多那么一丁点儿。因此,如果动物精神被削弱和自发的乐观情绪消退,使我们别无所依,而只能依靠某个数学期望值,则企业就会逐渐萎缩和消亡——尽管对损失的担忧可能有某种依据,然而,这种依据并不比以前的利润期望更为合理。[3]

第13章
工资理论与大萧条

因为不可能计算出"准确的乐观水平"是多少,所以,悲观情绪一旦出现的话,就可能长期存在下去。因此,凯恩斯主张当失业率高企时,政府应当介入,以增加总需求,并把生产推动到充分就业时的水平。

即使投资下降导致就业和收入最初的下跌,那么为什么不降低工资,使经济恢复到充分就业状态,就像新古典经济学家认为的那样呢?这是因为,凯恩斯解释说,工资下降会导致价格下跌,而价格下跌会使投资不那么物有所值,使投资者更加悲观。今天花5美元买一件产品明天以6美元卖出,这是有利可图的,但如果该产品明天只能卖4美元,那么,投资者就会亏本。因此,非但没有使经济恢复到充分就业时的状态,工资下降只会增加投资者的悲观情绪,导致总需求在低位徘徊。

大萧条时期的经济政策

关于凯恩斯的理论对富兰克林·罗斯福总统产生了什么影响,这并不为人所知。但罗斯福的政策显然是旨在增加总需求。首先,他的政府直接雇用了数以百万计的工人。例如,1938年,公共事业振兴署在各个项目上雇用了300万名工人,从公园的兴建到记录前奴隶们的口述历史,不一而足。为了消除一些投资者对价格下跌的担心,1935年出台的《国家复兴法案》允许生产商联合起来操纵

第二部分
工资理论

价格，明显违反了反托拉斯法案（只要他们同意支付高于政府所指定的某个最低工资）。而且，为了鼓励消费，国会转而去加强工人在与雇主谈判工资时的力量。1935年出台的《瓦格纳法案》裁定，一旦大多数工人投票赞成成立工会，所有的工人都必须支付会费。未参加工会的工人再也无法免费搭便车而获得工会争取到的好处了。

然而，对于经济学家及其他利益相关者来说，凯恩斯关于若无政府干预，自由市场体系不可能使自身摆脱失业的观点，是有问题的。反击在第二次世界大战之后立即开始了。

"如果说美国1932年失业的原因，是因为工人拒不接受货币工资下降，或者是由于坚持要求一个超出经济机器所能负担的实际工资率，这样的言论也不是十分可信的。"

资料来源：承蒙国际货币基金组织提供相片

图13.1　约翰·梅纳德·凯恩斯（1883—1946）

第13章
工资理论与大萧条

庇古和帕廷金：若投资者投资减少，消费者将会消费更多

第二次世界大战用征兵取代了诸般与萧条作斗争的政府雇佣政策。对失业的影响虽然相同，但证明政府是能够可信地恢复就业水平的唯一经济参与者的行动失败了。当然，征兵的是政府，但目的是抗击德国、意大利和日本，而不是对付失业，政府通过招募使充分就业得以恢复的事实并未受到关注。自由市场的思潮卷土重来。1947年，国会通过了《塔夫脱－哈特利法案》①。法案规定，不管是不是工会成员，工人都有权获得工会为工人争取到的好处（一些工人仍是工会成员，这证明其中的有些人是多么的不理智）。在芝加哥大学，经济学家唐·帕廷金再次声称，无论经济多么萧条，低工资都能使之恢复到充分就业状态。

帕廷金赞同凯恩斯的投资理论，包括"动物精神"，但他使一个针对凯恩斯的投资理论的反对意见死灰复燃了。该反对意见是凯恩斯的剑桥同事阿瑟·庇古首先提出的。当投资者沉浸在悲观情绪之中而且就业减少的时候，庇古和帕廷金先后认为，通过增加消费，

---

① 塔夫脱－哈特利法案是美国共和党参议员塔夫脱和众议员弗雷德·哈特利于1947年联合提出的劳资关系法案，用以平衡劳工工会的势力。这个法案在20世纪40年代和50年代成为许多工业州的议题，但工会从未能成功废除之。

第二部分
工资理论

经济将恢复到充分就业状态。根据庇古与帕廷金的观点，凯恩斯未能看到的是，消费者不仅基于自己能够挣到多少实际收入，而且还基于价格水平来作消费多少的决策。庇古与帕廷金认为，消费者持有一些现金，当价格变得更低时，这笔现金的购买力会增加，他们能够消费得更多。当投资减少时，价格下跌，从而导致消费增加。结果，充分就业状态将得到恢复。

但是帕廷金的论证是不完备的。当消费品价格下跌时，经济中只有一种资产的实际价值会增加：现金。很容易看出，对现金来说是对的，对不动产而言就不一定是对的了，比如一栋房子，当所有价格下降同样的比例，房屋的实际价值并不会增加，而是保持不变。当涉及金融资产时，价格下跌的影响就更加复杂了。它使借款人更穷，因为借款人必须用原本值更多的美金偿还贷款。同理，它使贷款人更富。这两种相互抵消的力量——一方面是人们所持现金实际价值的增加，另一方面是财富从借款人到贷款人的再分配——对消费需求的净影响是无法预测的。价格下跌就一定会刺激消费吗？倘若果真如此，是否会伴随这样一种力量，使得像大萧条这样的严重衰退能够完全避免呢？这一理论的原创者庇古没有把握，[4]而凯恩斯根本没有涉及这个问题。原因何在？根据与凯恩斯同时代的人琼·罗宾逊和理查德·卡恩的看法，凯恩斯认为价格的水平是无关紧要的。重要的是价格在下降的事实，由于这个事实消费者会推迟消费。[5]遵循同样的脉络，奥巴马总统的经济顾问委员会主席、经济学家克里斯蒂娜·罗默解释说，正如同投资者一样，消费者也需要

第13章
工资理论与大萧条

有一定水平的乐观情绪才会去消费。当价格下跌时，因为失业增加，这种下跌可能会对消费者的信心产生消极影响，导致他们相信，他们需要增加储蓄，减少消费。此外，当价格下跌时，消费者可能会减少而不是增加他们的消费，以获得价格在未来进一步下跌而带来的好处。[6]

在大萧条的头几年，价格大幅下跌。1929年物价下跌了2%（黑色星期二是10月30日，这意味着衰退仅仅发生了两个月），1930年9%，1931年10%，1932年5%。[7]然而，就业并没有恢复。原因何在？首先，对于上面讨论的所有原因而言，使价格下降并不一定导致消费品需求的增加。更重要的是，消费品需求的增加并不能完全替代投资者乐观情绪的丧失。工人用资本品进行工作，所以，当工人失业时，资本品也"失业"了，减少投资就会发生这种情况。当工人受雇用时，资本品也势必会被"雇用"，投资就会产生。所以，只要投资者沉浸在他们的悲观情绪之中，拒绝进行投资，就业的增加就不可能发生。凯恩斯坚持把投资品需求的减少作为导致失业的原因，这是正确的。大萧条时期汽车生产的情况再清楚不过地显示了这一点。

汽车生产，1929—1935

消费和投资之间的关系可以从经济学家蒂莫西·布热斯纳汉和

第二部分
工资理论

丹尼尔·拉夫关于大萧条时期汽车业的研究中整理得出。布热斯纳汉和拉夫发现,当1929—1933年间的就业下降时,不仅是工人,而且他们用以工作的资本品都"失去了工作"。在1929年开张的211家工厂中,有一半即105家工厂在1933年关闭。当1933—1935年间汽车工业的产量开始再次上升时,那些被关闭的工厂并没有重新开张,反而是产生了大规模的投资:从未关闭的工厂添置了新的机器,从而使它们已安装的马力增加了25%。此外,16家全新的工厂也开张了。[8]

是什么使投资者在1933年之后对汽车业重拾信心呢?我们无法确定,但应该注意到,在1933—1935年间,一辆汽车的平均价格上涨了2.5%。当然,这是小幅上涨,但是毕竟出现了,尽管事实是,这一时期所生产的汽车数量增加了一倍多。看来,如果投资者恢复了他们的乐观情绪,他们就走过头了。1933—1935年间汽车行业的工资提高了27%,这个事实是过度乐观的另一个迹象。

注　释

1. 约翰·梅纳德·凯恩斯,《就业、利息和货币通论》(伦敦:英国皇家经济学会,1936年),第12章,http://www.marxists.org/reference/subject/economics/keynes/general-theory/ch12.htm(2009年5月26日查阅)。回想一下,以克拉克所发展的工资的边际产出价值理论为界,我们把之后的经济学家称为"新古典经济学家",把之前的称为"古典经济学家"。
2. 凯恩斯,《通论》,第2章,http://www.marxists.org/reference/subject/economics/keynes/general-theory/ch02.htm(2009年7月29日查阅)。

第13章
工资理论与大萧条

3. 同上，第 12 章。

4. 冈卡洛·丰塞卡，"实际平衡之辩"，"经济思想史"网站，http://cepa.newschool.edu/het/essays/keynes/realbalances.htm（2009 年 7 月 29 日查阅）。

5. 罗伯特·戴蒙德，"凯恩斯，IS–LM 模型和马歇尔传统"，《政治经济史》第 37 期（2007 年），页 81–95。

6. 克里斯蒂娜·罗默，"大崩溃及大萧条的出现"，《经济学季刊》卷 105，第 3 期（1990 年 8 月），页 597–624。

7. 美国劳工部，劳工统计局，"所有城市居民的消费者价格指数（CPI–U）"，ftp://ftp.bls.gov/pub/special.requests/cpi/cpiai.txt（2009 年 5 月 26 日查阅）。

8. 由于未提供关于 1993 年已安装马力的数据，所作比较是 1929–1935 诸年份的。然而，布热斯纳汉和拉夫怀疑该调查发生在 1933 年之后。蒂莫西·布热斯纳汉和丹尼尔·拉夫，"行业内的异质性和大萧条：美国汽车工业，1929–35"，《经济史杂志》卷 51，第 2 期（1991 年 6 月），页 317–31。

第14章

"粘性工资"

　　凯恩斯解释说，经济的就业水平是由商品和服务总需求决定的，而不是由工资水平决定的，不论是名义工资还是实际工资。但是，当代经济学家——甚至是那些自诩为凯恩斯主义者的经济学家——却强烈反对。根据他们的说法，工资水平恰恰决定了就业（因而决定失业）水平。他们认为，在大萧条时期工资太高了。如果工资足够低，就业水平原本会更高的。[1] 为什么他们对凯恩斯的理论的反对会如此强烈呢？不是因为经实证检验后被发现是错误的，而是由于认识到低工资不能消除失业而推断出的结论。第一个结论是，自由市场体系不是自我调节的，因此，政府应该对经济进行干预和调控。第二个结论是，工资的VMP理论是错误的，因而那种认为应该给工人支付"他们之所应得"的主张也是错误的。于是经济学家着手发展各种理论，用以证明工资通常是粘性的，是粘性工资导致了大萧条。

第二部分
工资理论

有两个理论是关于为什么工资是粘性的。在第一个理论的作者中，最知名的莫过于米尔顿·弗里德曼。经济学家罗伯特·卢卡斯和伦纳德·拉平从这个理论得出的结论是，当工人失业时，不是因为没有工作可做，而是因为他们不愿意为既有的工资而工作。这意味着失业始终是"自愿的"，包括在大萧条期间，因而政府对此是无能为力的。

在第二个理论的作者中，最有名的经济学家是约瑟夫·斯蒂格利茨，从这个理论得出的结论是，失业实际上是有效的，因为它使有工作的工人心中充满了恐惧。恐惧对于防止工人逃避自身的责任是必要的。我们将会看到，在这个理论中，失业不是自愿的（这意味着失业者无法找到工作，即使他们愿意以持平或略低于市场的工资工作）。尽管如此，政府还是不应该为减少失业而进行干预。倘若政府这么做了，逃避责任的行为就会增加。

在这两个理论中，失业的原因迥乎不同，但是关于失业应该归咎于谁，这两个理论总体上是一致的：失业是工人的过错。按照弗里德曼的观点，工人之所以失业，是因为他们拒绝接受提供给他们的工资。按照斯蒂格利茨的观点，他们之所以失业，是因为他们逃避责任，需要对他们施加失业威胁。

弗里德曼：失业是被误导了的工人的过错

经济学家埃德蒙·菲尔普斯也独立发展出了米尔顿·弗里德曼

第14章
"粘性工资"

关于为什么工资是粘性的理论。这个理论我们后来称之为"被误导的工人"的失业理论,理论如下。假定经济中商品和服务的需求下降,因而价格也下跌。当一种商品的价格下跌时,生产这种商品的工人的边际产出价值随之减少。作为回应,雇主希望降低工人的工资,但其中一些工人可能不知道经济中所有的价格都下跌了。这些工人反而相信只是他们所生产的商品的价格下降了,故此他们辞掉手头的工作,去寻找其他雇主提供的报酬更高的工作。[2] 因此,工人相信自己可以在其他地方获得更高工资的这种错误认识,才是导致他们自身失业的罪魁祸首。

这种情况如图 14.1 所示。在图中,一个巨无霸的单位价格从 3 美元下跌到 2 美元,这导致了一条较低的 VMP 曲线(边际产出本身没有变化,但由于价格下跌,边际产出的价值下降了)。麦当劳希望将工资降至 $W_{eq\,(均衡)}$,并继续雇用 L_{old} 名工人。作为回应,一些工人辞掉了工作,处于失业状态,同时在其他地方寻找更高报酬的工作。鉴于较低的 VMP 曲线和不变的劳动力供给曲线,工资是 W_{sticky} 而不是 W_{eq},正是在这个意义上说工资是"粘性的"。结果,就业水平从 L_{old} 下降到 L_{Sticky}。倘若工人被告知经济中所有的价格都已经下降,他们的劳动力供给曲线原本可以移到图中画成虚线的劳动力供给曲线,结果他们的工资就会是 W_{eq},也就不会有任何失业了。

第二部分
工资理论

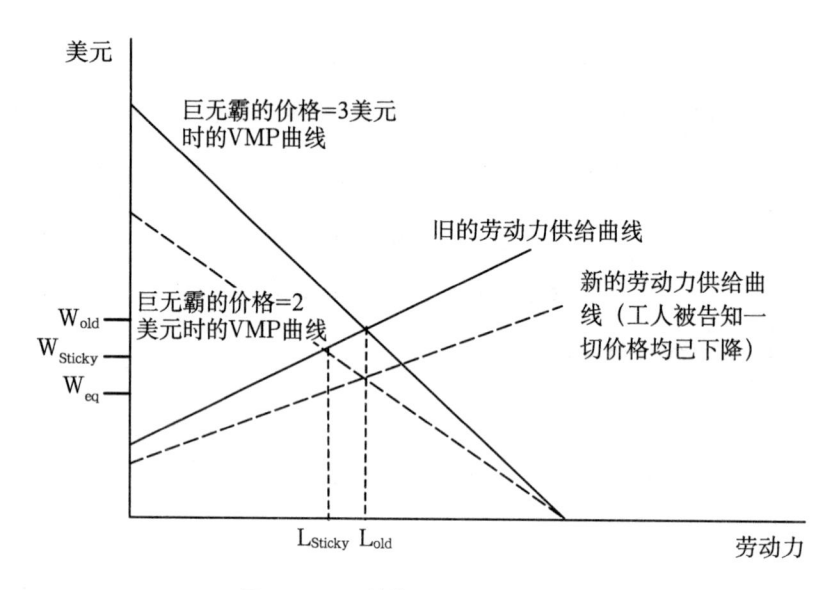

图14.1 工人被误导时的粘性工资

为了解释大萧条时期的失业，经济学家罗伯特·卢卡斯和伦纳德·拉平运用了弗里德曼的粘性工资理论，并论证说甚至这种失业也全都是"自愿的"。[3] 根据这一理论，大萧条期间工厂之所以关闭，是因为当商品价格开始下跌时，有一些工人相信只是自己正在生产的商品的价格下降了，他们辞掉工作去寻找报酬更高的工作。正在找工作的失业工人也拒绝这些新腾出的工作岗位，因为他们有着相同的错误信息，也等着更好的工作机会。根据卢卡斯和拉平的说法，"在我们的模型中……既有的工资被假定使得每一时期的需求量和供给量刚好相等"。[4] 当供给量等于需求量时，任何愿意以市场工资率工作的工人总能找到工作，不工作的工人是那些将只同意为更高的工资工作的人（根据弗里德曼的理论，因为他们错误地相信，只要

第14章
"粘性工资"

他们继续寻找，就能找到报酬更高的工作）。

这个论点唯一的问题是，它要求工人被误导了的工资信息持续非常长的时间。大萧条持续了许多年，这导致经济学家阿尔伯特·里斯发出这样的疑问："需要多长时间才能使工人在事实面前下调他们对正常工资的预期呢？1931—1939年间失业率从来没有低到劳动力的14%之下，在1939年即大萧条之后一个新的十年开始，失业率仍高达劳动力的17%。"[5] 换句话说，那种认为大萧条是由于员工未认识到发生了大萧条而导致的观点是没有意义的，但这是弗里德曼的失业理论所提供的唯一解释。

里根总统频繁地使用了弗里德曼和卢卡斯关于失业是自愿的观点。在一场于1979年废黜伊朗国王的革命之后，石油价格上涨，失业率随之上升。1982年，当失业率高达9.7%的时候，里根评论说，星期天发行的《纽约时报》刊登了44.5页招聘广告，《华盛顿邮报》刊登了33.5页，而《洛杉矶时报》刊登了65.5页，他质问得非常好："当有一个家伙花钱登广告说，'我已找到一份工作；来做我以前的工作吧'的时候，一个人怎么……能证明声称自己失业是正当的呢？"[6] 里根在总统任期内反复讲这样的故事，但是偶尔有人对他提出了质疑。在一次新闻发布会上，一名记者指出有4 000人应聘一家酒店的300个空缺，并质问这一点该怎么用里根所谓失业是自愿的观点来解释。总统回答说，一些招聘广告所要求的技能与失业者的技能不匹配。[7] 这个当然是对的，但不一定符合那种认为失业者不想工作的理论。遗憾的是没人跟进追问。认为失业者不想工作

的观点获得了尊重，认为接受福利救济者是懒惰的观点取代了那种认为市场经济并未创造足够就业机会的观点。当克林顿总统上台时，接受福利救济者被迫要去为他们的福利支票而工作了。他们同意这么做的事实，坐实了所谓失业是自愿的以及这些工作者不胜任工作的主张均是谎言。当然，那些正在为福利支票而奔忙的人是会同意为更高薪水的固定岗位而工作的。但没人注意到，由于这些人做辛勤而可靠的工作，地方政府现在利用他们作为廉价劳动力，用来取代正式员工。例如在纽约市，6 000多名接受福利救济者参与维护城市里的公园。[8] 市政雇员工会起诉纽约市但败诉了，因为法官相信福利工作者应该做"实际的工作"。[9] 他们做的工作当然是实际工作，但他们并不支付工人们能够借以维生的工资。因此，里根的质问应当反过来：政府如何证明迫使人们为福利而不是最低生活工资而工作是正当的？

那些长长的求职队伍是怎么回事？

不管一个人关于大萧条之根源的理论是什么，有一个难题仍悬而未决：当任何一个时期4 000人应聘200个工作岗位的时候（图14.2），为什么工资没有降到如此之低的水平，以致只有200名工人感兴趣，而没有排长队的现象发生？这难道不是能够证明这些工人的失业是自愿的证据吗？

当工人绝望的时候，更低的工资并不一定能使求职队伍变短。[10]

第14章 "粘性工资"

为福利支票而工作的工人证明了,并不存在极低的工资或极深切的羞辱感足以阻止绝望的人们寻找工作。因此,这个难题就根本不是一个难题。然而,也许可以提出一个不同的问题,那就是,为什么并不总是能够使工资下降到最低的水平。当福利救济名单上有许多工人时为什么工资并不总是下降到福利支票的水平呢?斯密和李嘉图也对这个问题感到困惑,他们唯一的答案是诉诸"习惯和风俗"。我们在这里无法解决这个问题,尽管如此,也许我们可以尝试给出一个全面些的回答。

图片来源:安德里亚·莫辛,《纽约时报》/Redux 图片社

图14.2　4 000名失业者,200个工作岗位,2006年

经济学家理查德·泰勒[①]注意到,1992 年,当佛罗里达因遭受

---

① 理查德·泰勒,芝加哥大学商学院教授、金融与行为经济学教授、行为决策研究中心主任,被认为是"现代行为经济学和行为金融学领域的先锋经济学家"。

第二部分
工资理论

"安德鲁"飓风袭击，造成救灾物资运输不畅的时候，家得宝公司①并未提高其商品的售价。[11] 原因是什么呢？更高的胶合板价格并不会导致更多的胶合板可供销售，在这种情况下提高价格本来会加以利用的。我们将永远不会知道，家得宝公司维持原价是出于体面还是出于对消费者报复的担心。重要的是它这样做了。看起来，劳动力市场上也存在类似的情形。当工人和雇主知道较低的工资并不会创造更多的岗位时，工人不会竞相压低工资，雇主也不会降低工人的工资。

当能够创造更多的岗位时，工资会有怎样的反应呢？这方面的一个实例来自2007年的汽车工业。通用汽车的主要零部件供应商德尔福公司威胁工人说，除非工人同意接受显著降低的工资，否则将关闭其在美国的所有工厂。作为回应，工人同意降薪40%，从27.44美元/小时降至16.23美元/小时。有趣的是，工人们同意这个降薪行动，尽管这并不能挽救全部岗位：德尔福公司仍然计划关闭其28家工厂中的21家。[12]

注　释

1. 阿克塞尔·莱荣霍夫德，《论凯恩斯主义经济学和凯恩斯的经济学》（伦敦：牛津大学出版社，1968年）。
2. 米尔顿·弗里德曼，"货币政策的作用：美国经济学会会长致辞"，《美国经济评论》第58期（1968年3月）：页1—17；埃德蒙·菲尔普斯，《就业与通胀理论的微观基础》（纽约：诺顿出版社，1970年）。

---

① 家得宝公司，全球最大的家居建材零售商，美国第二大零售商。

第14章 "粘性工资"

3. 小罗伯特·卢卡斯和伦纳德·拉平,"实际工资、就业与通胀",《政治经济学期刊》卷77,第5期(1969年9-10月号),页721-54。

4. 同上。

5. 阿尔伯特·里斯,"论劳动力市场的均衡",《政治经济学期刊》卷78(1970年3-4月号),页308。

6. 约翰·皮斯和李·马丁,"面向穷人的招聘广告和职位:明显的不匹配",《社会学论坛》卷12,第4期(1997年),页545-64。

7. 新闻发布会,1982年9月18日,加州大学圣芭芭拉分校的美国总统项目,http://www.presidency.ucsb.edu/ws/index.php?pid=43062(2009年5月26日查阅)。

8. 纽约市公园和娱乐部,"工作经验积累计划",http://www.nycgovparks.org/sub_opportunities/internships/work_exp_prog_wep.html(2009年5月26日查阅)。

9. 纽约市法律部,新闻发布会,2003年12月4日,http://www.nyc.gov/html/law/downloads/pdf/pr120403.pdf(2009年5月26日查阅)。

10. 这是假定雇主提供的工资一开始就不是最低工资;工资不得降至工人任职时所引致的成本(维持生计的成本)之下。

11. 亚瑟·希格比,"了解美国",《纽约时报》,1992年9月28日,http://www.iht.com/articles/1992/09/28/topi_7.php(2009年5月26日查阅)。家得宝的行为属于帕累托无效率。一些极昂贵住宅的所有者可能没有得到家得宝用品,棚屋的所有者反而可能得到了。但考虑到在现实中,若没有家得宝自设的价格控制,穷人将得不到任何家得宝用品,而富人就不会补偿他们的损失,那么在功利主义的意义上,价格控制可能是有效率的:如果房子受损,穷人就不如富人那样能够应付裕如。

12. "德尔福公司的联合汽车工会会员以68%的赞成票批准工资削减合同","Local2209" 网站,http://www.local2209.org/content/showquestion2006.asp?faq=45&fidAuto=810(2009年6月30日查阅)。

第15章
"效率工资"或为什么失业是工人逃避责任的过错

正如前面已经提及的,约瑟夫·斯蒂格利茨所发展的效率工资理论,是从这样的假设出发的:一旦有机会,工人就不会像应该做的那样努力工作。对工人的卸责行为进行查证成本高昂,因此,雇主没有去提高查实的可能性,而是选择去加大对被逮住的卸责员工的惩罚力度。雇主能够施加的最严厉处罚是解雇员工。但假如被解雇的员工可以很容易就找到另一份工资完全相同的工作,解雇并没有什么威慑力。所以,雇主就设法给自己的员工支付高于其他雇主所支付的工资。斯蒂格利茨称这一较高的工资为"效率工资",因为它能够减少员工的卸责行为,提高其工作的努力程度。有了效率工资,工人一旦被解雇,就会有所损失。

效率工资计划也许看起来是注定要失败的。如果所有的雇主都支付"效率工资",那为什么工人还要担心被解雇呢?工人重新被

第二部分
工资理论

另一名雇主雇用时就能获得这个工资。斯蒂格利茨援引 VMP 理论来填补理论中的这个漏洞。回想一下,根据新古典主义理论,存在着"劳动生产率递减规律",因而支付了高工资的雇主肯定会雇用较少的员工。但是,当所有雇主都雇用较少员工的时候,这就制造了居高不下的失业率,正是害怕加入失业队伍,才使得工人不敢逃避责任。

在斯蒂格利茨的理论中,失业者并不是因逃避责任而被解职的工人。失业之所以存在,是因为雇主有意支付一个较高的工资,高于工人同意接受而为之工作的工资。没有工作的工人像有工作的工人一样勤奋,但雇主并不以较低的工资雇用他们,这是因为若他们为较低的工资工作,他们就可能逃避责任。斯蒂格利茨认为,这就是对失业率很高且居高不下的时期的解释。大萧条时期 25% 的失业率及 1979—1982 年间 10% 的失业率,要归因于对工人逃避责任的担心。[1]

失业的效率工资理论作出了以下四点论证。首先,工人逃避责任的行为所在皆有;如果只是少数人这样,雇主原本是不想给所有工人支付勤勉工作溢价的。第二,勤勉工作溢价能够实际防止敷衍塞责行为。第三,工人们事实上能够被支付勤勉工作溢价。第四,这些溢价导致失业。关于这些观点,有什么证据可以证明呢?

第一、二点根本没有提供任何证据加以证明。至于第三个观点,经济学家多米尼克·高克斯和埃里克·莫兰提供的数据显示,工人所就职的公司越大,他们挣的钱就越多。高克斯和莫兰认为,他们

第15章
"效率工资"或为什么失业是工人逃避责任的过错

所发现的工资差异要归结于勤勉工作溢价。[2] 为什么呢？因为他们已经排除了所有其他可能的解释，比如劳动力素质或公司的所在地。那么，为什么大公司支付高溢价呢？高克斯和莫兰声称，公司越大，工人越容易逃避责任。

然而，高克斯和莫兰自己的发现就会使人对他们关于结果的这种解释产生怀疑。在他们的研究中，他们对工人的职位做了控制，但他们并没有发现这一点造成了什么差异，给某个职位支付较高工资的企业会给所有职位都支付较高的工资。但正如经济学家威廉·狄更斯和劳伦斯·卡茨观察到的，虽然一家企业的某个特定职位可能会提供逃避责任的机会，但没有任何理由认为这个行业中的所有职位都会遇到同样的问题。[3] 他们的证据因而实际上是与效率工资理论不相符的。

此外，他们对结果的解释遭遇到一个基本的也许是致命的问题。为什么工资差异就应该促使我们想到逃避责任呢？高克斯和莫兰给我们提供了一个错误的二分法。对于工资差异，可能还有其他的不同于高克斯和莫兰所认为的原因，所以，逃避责任不是唯一的选项。大企业向所有的员工支付高工资，其中的一个原因可能是这类企业有大量的股东，因而协商员工工资的经理人受到的监督最少。这类企业所支付的高工资也许不是作为一项减少逃避责任的激励，它兴许本身就是一种逃避责任的形式。高克斯和莫兰还发现，资本密集型企业中的工资较高。在这类企业中，员工有更多的机会干扰工作流，而他们所挣得的较高工资可能只不过是反映了他们更大的议价

第二部分
工资理论

能力。[4]雇主支付勤勉工作溢价的证据是不足为凭的。

与第一、二个观点的情形一样,第四个观点——支付效率工资导致失业——也根本未被给予什么证据(经济科学中这种事情太多了)。相反,"劳动的边际生产率递减规律"被援引出来,因为它使得当工资较高时雇用较少的工人成为必然。经济学家艾伦·克鲁格和劳伦斯·萨默斯表示:"对行业间重大工资差距的实证……为自愿性失业的存在创造了一个表面上证据确凿的案例。"[5]换句话说,支付效率工资的企业,其人员不足肯定是人为造成的。这种论证的问题是,生产是由团队进行的,因此难以想象人员配备不足实际上怎么可能会发生。由于支付最高勤勉工作溢价的是规模更大、资本更密集的公司,它们因而是那些应该遭遇最严重人员不足的企业,情况就更是这样了。当生产过程涉及的机器和工人越多,就所需配备的员工而言,这类生产过程的灵活性很可能就越差的时候,这又怎么可能呢?所谓企业有意雇用比其生产流程的要求更少的员工的观点,若没有证据,就是不应该被接受的。

但即使为了使工人不逃避责任而支付溢价,即使这些溢价在制造失业,我们仍不清楚这怎么会导致之后持续数年的失业率上升。斯蒂格利茨声称大萧条及1979–1982年间衰退时期的失业应该归咎于效率工资,但很难看出二者间的因果关系。对效率工资理论的发展亦作出了贡献的乔治·阿克劳夫和珍妮特·叶伦(阿克洛夫和斯蒂格利茨分享了诺贝尔经济学奖)解释说,雇主甚至在产品需求下降的时候也不情愿降低员工的工资,因为当工人相信支付给自己的

第15章
"效率工资"或为什么失业是工人逃避责任的过错

工资低得不公平的时候他们就会逃避责任。根据叶伦和阿克尔洛夫的理论,"假如我的员工不知道我的产品的需求已经下降,而他们开始逃避责任,情况会怎么样?"这才是雇主的推理。[6]然而,不论在哪种情况下,错误的信息都是造成失业的原因,里斯对弗里德曼的理论和卢卡斯的理论的批评在这儿同样适用:工人需要多长时间才意识到经济在衰退,及雇主需要多长时间才认识到他们的工人已经意识到经济在衰退呢?正如次贷衰退显示的,在这样的时刻,雇主全都会毫不犹豫地削减工资和工作岗位。

除非支付勤勉工作溢价,否则大部分工人都会逃避责任,这样的观点是在没有任何证据的情况下提出的,但这并没有阻止经济学家萨姆·鲍尔斯提出一个比"效率工资"更好的解决方案,来解决这个表面的逃避责任问题:不是因为效率工资不起作用,而是因为根据VMP理论,效率工资导致失业。鲍尔斯的解决方案允许雇主在低工资不会导致更多卸责行为的情况下支付工人较低的工资。那么,该解决方案是什么呢?社会主义。在社会主义制度下,工人拥有自己在其中工作的工厂,因此他们打一开始就不逃避责任,而假如他们确实在逃避责任,那么与他们一块做事的同事就会告发他们。

比如,更民主的决策结构、企业净收益更平等的分配,通过使同事成为对工作步调更热情的实施者,或更愿意与监督制度合作的人,也许都能够既减少追求非工作活动的动力,又抬高这

样做的成本。[7]

有一位自诩为社会主义者的作者写过一篇把失业归咎于工人逃避责任的文章，美国经济学会期刊的编辑们认为这篇文章很重要，把它用作《美国经济评论》1985年的主旨文章。

效率工资和福特公司的5美元日

1914年1月5日，亨利·福特宣布将工人的工资从日薪2.34美元提高至5.00美元。这相当于将原来的日薪翻倍，它产生了图15.1所示的壮观场面。

对于克鲁格和萨默斯来说，这是效率工资理论起作用的一个明显例证。如果不是为了激励员工更努力地工作，那为什么福特公司还要将工资翻倍呢？但是，当经济史学家丹尼尔·拉夫考察了福特工厂的实际运转之后，他找不到任何证据支持这个说法。[8] 接受新工资的工人将在一家新的工厂采用一种新的革命性的生产方式工作：装配线。在装配线上，工人逃避责任的机会根本就不存在。拉夫当时研究了高工资的目的是否意在减少工厂里工人的流动率。1913年，福特公司工人的流动率为370%：它每天雇用1.3623万名工人，但每年有3.9575万名工人离职（还有一千多一点被解雇）。尽管流动率高企，拉夫发现它并没有给福特公司造成问题，因为取代工人

第15章
"效率工资"或为什么失业是工人逃避责任的过错

> **黄金潮被礼物提**
> **供的5美元日薪**
> **掀起**
>
> 成千上万的男人来底特律工厂求职
>
> 将发放1 000美元的半月奖金吗
>
> 没有工人愿接受低于5美元的日薪

图15.1　5美元日

很容易。事实上，1914年，一名福特主管这样吹嘘取代工人是多么的容易：

> 如果一个以前从未见过铸造车间内部情况的移民不能在短短的三天里被打造成一名一流的工件制模工，那么他对我们的工厂绝对是一无用处；把一个平生从未见过组芯造型工作台的人打造成一流的组芯造型工，两天就绰绰有余了。[9]

205

第二部分
工资理论

在 1913—1914 年度，即 5 美元工资生效的那一年，工人的流动率确实下降了三分之二，但是，在那一时期，这个地区所有工厂的流动率都下降了同样的比例，并不只是福特的工厂这样。

不过，让我们假设这个 5 美元工资是效率工资。假设它确实能够减少卸责行为，或者它的确是工人流动率下降的原因。难道这个高工资就能够导致非自愿失业吗？难道福特公司就会在装配线上安排比需要用来操作它的工人更少的员工吗？1914 年，也就是新工资实施的那一年，福特公司的日雇用人数减少了 1 500 人。但在第二年，它就增加了 6 000 名员工，比 1913 年的数字增加了近 50%！

根据拉夫的研究，福特公司所以在那个特定的时间提高工资，是因为它引进了装配线。这一技术，根据拉夫的看法，使福特公司更易受工人罢工行动的伤害，它是试图用更高的工资买到业界的和平。可能是这样，但是，福特公司大幅增加其员工的事实不能被忽视，因为我们从高居不下的流失率知道，1913 年的劳动力市场是很紧张的；在这样的条件下找到大量的新手需要提供很高的溢价。然而，这种溢价并没有做什么促使福特公司雇用较少工人的事情。福特公司的 5 美元日薪显然不支持（弗里德曼、卢卡斯、斯蒂格利茨、阿克洛夫、克鲁格和萨默斯等人）所谓"失业是高工资的结果"的观点。

注　释

1. 斯蒂格利茨认为，"尽管 20 世纪 30 年代的大萧条是近代持续时间最长、规模最大的事件，但美国经济从 1979 年到 1982 年也遭受了严重的经济衰退，

第15章
"效率工资"或为什么失业是工人逃避责任的过错

许多欧洲经济体在20世纪80年代经历了长时期的高失业率。关于为什么失业会持续以及为什么波动如此之大,信息经济学提供了这方面的解释。工资未能下降以致失业工人找不到工作,这一点已经为各种效率工资理论所解释,效率工资理论认为,工人的生产力随更高的工资而提高(既由于工人更加努力地工作,也因为雇主能够雇用一支更高素质的劳动力队伍)。如果关于手下工人的产出的信息是零成本的,雇主们就不会支付如此之高的工资,因为他们可以不费分毫地监督产出并相应支付工资。但因为监督是要花费成本的,所以雇主给工人支付较高工资,其中的一个动机就是使工人不偷懒"。约瑟夫·斯蒂格利茨,"信息",《简明经济学百科全书》(第二版,2008年),http://www.econlib.org/library/Enc/Information.html(2009年5月26日查阅)。

2. 多米尼克·高克斯和埃里克·莫兰,"行业间工资差距的持久性:使用匹配后的工人-企业固定样本数据所作的再考察",《劳工经济学杂志》,卷17,第3期(1999年),页492-533。

3. 威廉·狄更斯和劳伦斯·卡茨,"行业间工资差距和行业特性",载于《失业与劳动力市场的结构》,凯文·朗和乔纳森·伦纳德编辑(纽约:布莱克威尔出版社,1987年),页48-89。

4. 如果工人们获得更高的工资,从而给予他们一个不去干扰工作流的激励,这岂不是一个不敷衍塞责的溢价?如果敷衍塞责仅仅意味着在谈判工资期间停工,那么逃避行为的确会发生,更高的工资就是一个勤勉工作的溢价。但一旦工资决定下来停工就会结束。工人并不喜欢停工,阻止他们参与其中的,并不是害怕失去工作。然而,根据效率工资理论,工人们总是想偷懒,而他们不这样做的唯一原因,是害怕失去工作。

5. 艾伦·克鲁格和劳伦斯·萨默斯,"效率工资与工资结构",国家经济研究局,1986,页26。

6. 乔治·阿克劳夫和珍妮特·叶伦,《劳动力市场的效率工资模型》(剑桥:剑桥大学出版社),页2-3。

第二部分
工资理论

7. 萨姆·鲍尔斯,"竞争性经济的生产过程:瓦尔拉斯的、新霍布斯的和马克思的",《美国经济评论》第一期(1985年3月号),页33。

8. 丹尼尔·拉夫,"工资决定理论和福特的5美元日",《经济史杂志》卷48,第2期(1988年6月),页387–99。

9. Ibid. 同上。

第16章

高管薪酬

如图16.1所示，自1990年以来，高管薪酬的增长速度比企业利润（和工人工资）快许多倍。因此，所谓高管薪酬可以由经营管理生产率得到解释的说法遭到怀疑，而且在2006年，当辉瑞公司首席执行官马金龙的薪酬受到股东质疑（请参阅第13章）时，这成为轰动一时的新闻就不足为奇了。

高管们能够玩弄股东于股掌之间的根源早在1932年经济学家阿道夫·伯利和加德纳·明斯[①]所著的《现代公司和私有财产》一书中就得到确认了。该书解释说，一家公司的所有权被分散在一大群股东手上，没人在意企业经营。一家大公司首席执行官的议价能力几乎是无限的。可是，这难道是个问题吗？对这个问题的理论处理是

[①] 阿道夫·伯利和加德纳·明斯是公司治理结构及分类现代公司治理理论的先驱。

第二部分
工资理论

由经济学家迈克尔·简森和威廉·梅克林于1976年进行的,他们的答案是,公司经营并没有达到理论上所能达到的程度,但是股东们将不会被玩弄了。

也许,理解简森和梅克林所作分析的最好方式,是从公司的起源开始。想象有一位如此成功的发明人,以致在他为经营自己的公司而支付给自己的工资之外,其发明每年还能给他带来1亿美元的利润。同时假定这一利润流将永远持续。在经营公司若干年之后,该发明人希望卖掉自己的公司。由于没有多少买家能够单凭一己之力买下整家公司,于是发明人发行100万股股票,然后卖给100万个买家,每人一股。假设进入经济体的投资通常每年能获得10%的回报,那么,该发明人能够为自己的公司获得的总价值是多少呢?

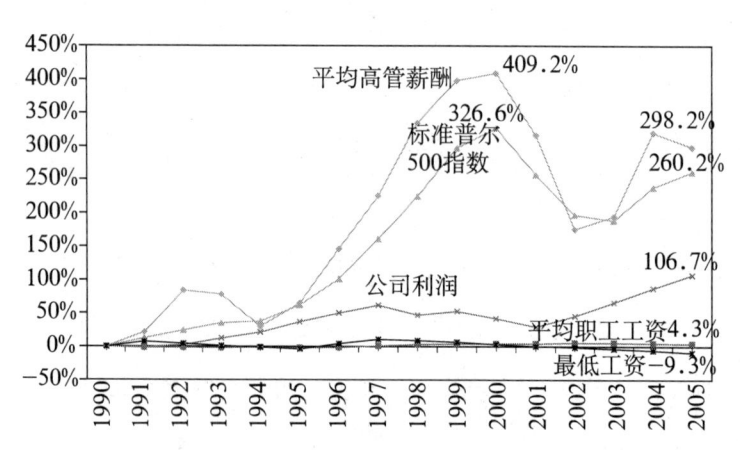

资料来源:莎拉·安德森和约翰·卡瓦纳(政策研究所)、查克·柯林斯和埃里克·本杰明(团结追求经济公平组织),"高管的贪婪,2006":http://www.faireconomy.org/files/ExecutiveExcess2006.pdf。

图16.1 高管薪酬、利润和工资

第16章
高管薪酬

我们可以想象，这些股票的总价值将达10亿美元，因为要在利率为10%时每年产生1亿美元的利息，就需要投入这么多的资金（每年年末提取利息，本金则滚动到下一年）。但事实上它会较低些，原因跟公司的所有权结构有关。

100万名所有者不可能在同一时间全部都来经营公司。相反，他们将要做的是聘用一位首席执行官，来代表他们打理公司。该名首席执行官大概将挥霍掉数目惊人的津贴（这个问题在本书第一部分讨论过），但在这里，我们只集中关注其报酬问题。假设最初该首席执行官的薪酬被定在原发明人用于给自己支付的薪酬水平上，但在受雇之后给自己加薪100万美元。那么，股东们会集体行动起来，把首席执行官炒掉吗？情况很可能是这样的：他们中的大部分人甚至都不知道这种提高薪水的行为已经发生。当每个股东的损失都只有1美元的时候，为什么他们应该集体行动起来，把首席执行官炒掉呢？即使每个所有者的损失更大些，组织起来反对首席执行官的代价也是高昂的，并且它所带来的麻烦常常多于其对个人股东的价值。

形式上，高管薪酬不是由高管本身而是由董事会确定的。因此，问题在于，谁将惩戒首席执行官以及批准其过高薪水的董事们呢？公司董事会席位都是令人垂涎的职位：在2001年，股东们给200家最大公司的董事平均每人支付15.3万美元，安然公司的董事每年的报酬为38万美元。身为精明的商人，董事们知道，虽然给他们支付薪酬的是股东，但在多数情况下，仅有的董事候选人不是由股东而是由高管们自己提名的。[1]

第二部分
工资理论

但是，简森和梅克林却解释说没人会上当受骗了。购买公司股票的人十分清楚这类欺骗的可能性。他们不是支付1 000美元每股，反而会同意只支付比如说500美元每股。结果，公司的总市值将只有5亿美元，而不是10亿美元。首席执行官的欺骗和高报酬被资本化而进入股票价格之中，原发明家将承担自己决定把所有权分割给许多的个人所带来的一切后果。

简森和梅克林将公司分散的所有权所引起的问题称为"代理问题"，因为公司不是由单个所有者而是由一位身为所有者之代理人的首席执行官管理的。他们的理论被称为"代理理论"。[①]

虽然首席执行官很少必须回答股东的问题，但经常有人认为其必须应付"企业掠夺者"，后者威胁说如果他剥削股东，就要实施"敌意收购"并解雇他。根据这个观点，掠夺者能够使首席执行官和公司董事变诚实。那么，掠夺者做这一切的动机是什么呢？为什么要担当这个角色？一旦糟糕的首席执行官和董事会被优秀的首席执行官和董事会所取代，股票价格将会上升，掠夺者的付出就会因此得到回报。

当然，这个论点有一个至关重要的逻辑缺陷，那就是，一旦掠夺者卖出自己的股票，公司将重蹈覆辙，再次变得管理不善。因此只要掠夺者拥有股票，股票价格就会高。此外，掠夺者实际上还是股东另一大损失的来源，因为为了保护自己免遭掠夺者袭击，首席

[①] 代理理论最初是由简森和梅克林于1976年提出的，后来发展成为契约成本理论。

第16章
高管薪酬

执行官及其董事会可能会更进一步浪费公司的利润。

代价高昂的袭击的战利品落到了罗斯·佩罗特手上。1986年，佩罗特通过购买8%的已发行股票并利用这种优势成为公司董事，顺利完成了对通用汽车公司的敌意收购。[2] 通用汽车很少有什么东西让佩罗特喜欢。公司是过程导向而不是结果导向的，高级管理人员在一间把他们与工人隔离开来的公司餐厅就餐，最重要的是，董事会站在管理层一边，出卖股东利益。佩罗特告诉记者："我们必须弄清楚，管理层是为股东服务的，要让他们满意……股票分散的成熟公司的管理者已经让他们自己占据很好的位置，可以随意选择本应代表股东利益的董事会成员……董事会难道是罗杰·斯密——公司首席执行官——的一块橡皮图章？见鬼，不是的！我们必须改造它，使它不再成为橡皮图章。"[3]

那么，佩罗特对此是怎么做的呢？他是组织一次股东大会，把首席执行官及与其狼狈为奸的董事们除掉吗？他做得要好得多！他迫使董事会把股东们3.468亿美金的钱支付给他，让他走人（董事会给了佩罗7.428亿美元，尽管他的股票市值为3.96亿美元）。他还签署了一份禁止他批评通用公司的协议，否则将被处以7.50亿美元的罚金。但是，他不能做的是否认自己是在接受被盗窃的钱。于是，佩罗特表达了对自己的盗窃行为的厌恶："所有这笔钱都是花在了刀刃上、使通用的资本得到最有效、最佳的使用吗？……我想给董事会一个去做正确之事的机会。他们要把7.5亿美元花在这上面在我看来是不可理喻的。"[4] 可是这并未能阻止他拿走这笔钱，而且

第二部分
工资理论

他守口如瓶，以免遭 7.5 亿美元罚款的风险。当通用汽车公司的首席执行官罗杰·斯密（因迈克尔·摩尔执导的纪实影片《罗杰和我》而臭名昭著）退休 4 年之后，董事会将他的退休金翻了一倍，每年达 120 万美元。[5]

佩罗特用以威胁罗杰·斯密的是钱而不是枪，这也是为什么这种类型的抢劫被称为"绿票讹诈"。[①]除了给绿票讹诈者支付钱款之外，首席执行官们有时还通过以下手段保护自己：制定"毒丸计划"，这是些使得公司无论经营得多么糟糕，任何想要收购公司的投资者都无利可图的公司规则；在他们的聘任合同中加入"金色降落伞"条款，一旦公司被收购，他们将被支付一大笔离职费。所有这些手段的共同之处是，它们能够打破高管薪酬和绩效之间的任何联系。

难道股东们真的能够正确预测首席执行官与董事会的行为，从而不受其行为的伤害？对安然的员工来说不是这样的，他们受公司首席执行官和高管们的蛊惑，把毕生积蓄都投到"自己的"公司的股票上，并失去了他们曾拥有的一切；这些员工还不知道的是，高管们一边鼓动自己的员工买入更多的股票，一边却卖掉他们自己的股票。对辉瑞公司的股东来说不是这样的，他们被马金龙虽然业绩糟糕却狮子大开口、要求过高的薪酬惊呆了，甚至连国会也被首席执行官的薪酬和绩效不挂钩打了个措手不及。2007 年，美林证券公司的首席执行官斯坦利·奥尼尔在公司因他制定的投资战略而亏

---

① 一种反收购策略，目标公司以其他股票持有者愿意的更高的价格来收购猛烈抛售者的股票。

第16章
高管薪酬

损 80 亿美元之后"被迫"退休而拿到了高达 1.6 亿美元退休金的时候，国会责令奥尼尔和董事会主席到国会财政委员会作证。让民主党众议员亨利·韦克斯曼和报道了这个问题的报纸大惑不解的是，奥尼尔手上有一纸合同，其中不包含任何因他本人的原因导致业绩不佳而削减其薪酬的条款。正如图 16.1 所示，高管薪酬上涨没有利润提升来证明其合理性，在这方面辉瑞制药和美林证券并非是孤例。利润和薪酬之间若没有一个合理的关系，股东如何能够预知这种关系会是什么？简森和梅克林不能凭空保证股东不会受"代理成本"的伤害，他们的保证未得到证据的支持。

经济学家泽维尔·加贝克斯和奥古斯丁·兰蒂尔发现，高管的薪酬随其所经营公司的市值（资本化）的增加而上升。[6] 因此，不仅高管薪酬高得离谱，而且这还使高管有动力去提高他们公司的市场价值，而不管这种行为是否对利润有利。考虑到伯利和明斯的理论，这是很容易理解的。当一位首席执行官拿到 1 亿美元的薪酬而公司的价值仅为 1 亿美元时，股东每 1 美元股票的成本就是 1 美元。但当公司的价值为 1 000 亿美元时，股东每 1 美元股票的成本就只有一美分的十分之一了。在小公司中，为避免股东警觉，高管开展合并和收购活动，而不管这些活动是否能增加利润。根据"帕金森定律"[①]，一名不称职的官员总是想要任用两个水平比自己更低的人当

---

① 英国历史学家、政治学家西里尔·帕金森在其《帕金森定律》中认为，在行政管理中，行政机构会像金字塔一样不断增多，行政人员会不断膨胀，每个人都很忙，但组织的效率却越来越低下。这条定律又被称为"金字塔上升"现象。

第二部分 工资理论

助手。在企业中这个问题甚至更大，因为除威望之外，高管们还有打造"利维坦"①的货币动机。

工资、高管薪酬、利润和团队生产

因为生产是由团队进行的，个体对生产的贡献，无论是工人、经理甚或是一部机器，都是不可能与所有其他团队成员的贡献分开的，因此，一件产品在那些生产了它的人中间的分配是不可能由生产过程本身所决定的。那么，谁能决定该产品应该如何在那些生产了它的人中间分配呢？他们怎样做出这个决定呢？当前，高管是决定谁该拿多少钱的人，他们自己狮子大开口，拿到大头，员工和股东几乎束手无策。但这并不是预先注定的。高管的权力来源在于这样的事实：企业的所有权分散在许多个人的手上。这是大规模生产的一个固有特征，是无法改变的。然而，企业高管是否被允许把它变成可资利用的东西，这却是可以改变的。确保一个人不剥削另一个人，从而确定高管的最高薪酬与工人的最低工资之间的最大比例，以及股东收益与总的劳动薪酬之间的最大比例，这是政府的职责。这些比率应该是多少呢？政治程序应该确定什么样的公平性并把它们写入法律呢？

---

① 原意为"巨兽，海怪"，后引申为庞然大物，大公司。

第16章
高管薪酬

可以说，讲授经济学家的工资理论所带来的破坏要远大于讲授神创论所造成的损害。然而，工资理论是一切院校的经济学教育的一部分，这种情况仍在持续，而且未受任何关注或反对。当然，原因不难理解。虽然当我们讲授宗教并假装它是科学的时候，每个人都会受到损害，但当我们讲授经济学的时候，并不是每个人都会受到损害。工人之所失，正是高管和资本家之所得，而学习经济学、雇用经济学家并捐资助学的，正是后者。

争取使我们所共同创造的财富得到公平分配的斗争，迄至今日一直在工作场所和政治舞台上进行着。然而还必须在课堂里作斗争，因为正是在这里，"工人们获得了他们之所应得"的谎言一直在被讲授着。

注 释

1. 卢西安·阿里·伯切克和杰西·弗里德，"作为代理问题的高管薪酬"，《经济展望期刊》卷17，第3期（2003夏），页71–92。
2. 有关通用汽车和罗斯·佩罗特的讨论依据的是罗伯特·蒙克斯和尼尔·米诺，《公司治理》（西萨塞克斯郡：布莱克韦尔出版社，1995年）http://www.ragm.com/books/corp_gov/cases/cs_gm.html（2009年5月26日查阅）.
3. Ibid. 同上。
4. Ibid. 同上。
5. 大卫·埃利斯和保罗·格雷，"本周的赢家"，《时代》杂志，1990年5月14日，http://www.time.com/time/magazine/article/0,9171,970118.00.html（2009年5月26日查阅）；保罗·威特曼，"罗杰的历史遗留

问题",《时代》杂志，1992 年 11 月 9 日，http://www.time.com/time/magazine/article/0,9171,976971,00.html（2009 年 5 月 26 日查阅）。

6. 泽维尔·加贝克斯和奥古斯丁·兰蒂尔，"为什么高管薪酬涨得如此之多？"《经济学季刊》卷 123，第 1 期（2008 年），页 49–100。

后 记

根据经济学教义，对经济有益的就是对有钱有势者有益的。我们所有人都被劫持，而成为一门伪科学的人质，这门伪科学使两个强大的神话得以永存：第一个神话是，经济效率是可以而且应该与经济平等分割开来的，且任何一项把任何社会资源从富人那里转移到穷人那里的政策都是"无效率的"；第二个神话是，一个人所挣得的，不管是一名小时工微薄的工资，还是一位高管天文数字的薪酬，都仅仅是其所生产出来的产出的价值。

正如我希望本书已经表明的，当代经济学家对古典再分配和工资理论的攻击既没有理论价值，又缺乏人性。当被用作印度尼西亚粮食危机期间取消食物补贴的理由，或者用作降低第三世界环境标准的根据时，新古典主义经济理论导致了饥饿和死亡。在美国，这些效率和工资理论对于美国人的生活中许多不幸的方面负有直接和间接的责任：数以百万计的高中青少年必须参加工作，来帮助自己的家庭维持生计，然而我们却不给孩子支付补助金；数以百万计的老年人必须继续工作，因为社会保障平均支付额远低于贫困线，然而高收入却免缴社会保障税；数以百万计的年轻人根本不上大学，因为他们上不起大学；数以百万计的其他人必须工作，他们也这样做了，然而，自1980年以来，公立院校学费上升的速度是平均收入水平涨幅的四倍。

每当一项将为普通民众的需要服务的社会或经济政策浮出水面之时，我们肯定能够发现有经济学家粉墨登场，提出问题，"但是它对经济有利吗？"（就好像"经济"是不同于一般大众最佳利益的某个实体）由于大多数政策要求征税来资助一般大众，我们还被告知税收本身是"对经济不利的"。但是，正如我们已经看到的，根本没有证据表明税收对经济有任何损害。事实上，经济增长速度与1948—1981年期间一样快，而当时的最高税率常常两倍于今日的水平。

再分配性政策——从累进税到租金控制到食品补贴到医疗补助计划——之所以一开始就很必要，其中的一个主要原因是，现代经济学家已成功地向美国兜售了他们的工资理论版本，在这一理论中，工人挣到的钱不足以为生，而高管赚到的钱高得离谱，令人可憎。一名普通工人的工资和一般高管的薪酬之比目前是一比四百，甚或更糟。但是，所谓一个人能够挣到多少钱是由其生产出的东西的价值所决定的——正如本书所表明的，这个观点有着根本的缺陷。生产是由团队进行的，一名团队成员的产出是无法与整个团队的产出分开的。尽管现代经济学家论证认为刚好相反，但证据却显示，工资是由工人在谈判桌上所拥有（或未拥有）的力量决定的。二百多年以前，也就是在这种关系被约翰·克拉克及其新古典主义追随者

后记

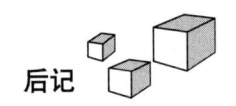

故意混淆之前，古典经济学家就认识到了工资与谈判力量的关系。

对力量法则的补救是法治。必须出台新的法律来制止对我们劳动果实的不公平分配。比如，一个这样的法律应该规定任何一家公司中最高的高管薪酬和最低的工人工资之间的最高比例。另一个这样的法律应该规定公司收入在劳动者和公司所有者或股东之间分配的最高比例。第三个新的法律应该提高最低工资标准，并将最低工资标准与工资中位数挂钩，这将产生使最低工资能够养活一家人的效果。

高管们会同意为低于他们目前所赚到的薪酬而工作吗？我们已经看到，工作的努力程度是与高管的薪酬水平无关的；1980年里根总统当选之后，最高边际税率的大幅削减并未导致高管们更努力地工作。然而，降低薪酬将能做的，是降低高管们过度消费的能力。从占地面积太大的公寓，到吞噬公共空间的私人农场和海滩，再到承诺只给少数富有的患者治病的医生，高管们不仅攫取超过他们本应得到的份额，而给我们其他人留下的太少，而且同时对我们的健康造成威胁。

如果各种使孩子、大学生和老人们退出劳动力队伍的社会政策颁布执行，我们当前47 000美元的人均国内生产总值可能会下降，或许下降多达10%。但若有"仅"42 000美元的人均国内生产总值，及各项能够规范对我们的集体财富进行分配的新政策，那么，每个四口之家都可能拥有每年价值16.8万美元的资源。有了如此富足的资源，那么在给每个孩子美好的童年、使每个合格的年轻人接受大学教育、给予每个老年人退休的机会之外,还将留下大量的财富。

　　经济就是我们,而我们做得却不好。我们需要把经济学从一种正被用于对付我们的武器,变为一门将向我们展示我们能够做得更好的科学。

致　谢

许多人都对本书作出了贡献。我的朋友和同事汤姆·罗素多次通读了整部手稿及其中的许多章节，而且他的评论——也同样很多——总是建设性的。我非常感激他抽出许多个小时与我讨论本书，让我获益匪浅。在本书的写作过程中，我的朋友和同事帕诺斯·马夫罗克法洛斯和尤里·罗恩也可指望去阅读和改进随时送交他们的任何章节。

范阿斯代尔劳工研究中心的主任迈克·梅里尔总是给予鼓励，令人振奋。此外，西蒙·川崎、拉里·米切洛蒂、奥代孔·克里姆和史蒂夫·谢菲林阅读了手稿，并提出了许多有益的意见。

在新出版社，黛安·瓦赫特尔是任何人都希望拥有的一位全面而细致的编辑。黛安重新编排了手稿，并坚持书中的每个论点对于像她自己一样比较文学专业出身的人都要有意义——这实在是一个高标准。编辑主任莫里·波顿和文字编辑尼克·泰勒也提供了很大帮助。

如果不是科林·鲁宾逊，本书可能就不会写，他在新出版社第一个签约了本书。

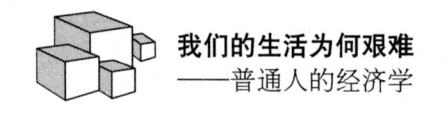

本书所探究的问题经常在我父母家的餐桌上讨论，他们和我姐姐雅尔·温曼对我的思考影响极大。在我读研究生期间的一个关键时刻，我表哥西·阿德勒问我是想致富，还是想读完博士。谢谢你，西。

我妻子艾伦不但给予了必不可少的鼓励和精神支持，而且在编辑方面提供了弥足珍贵的帮助。本书的每一部分，只要一写完——和改写完，她就会阅读，每一页都有她的贡献。本书也极大地得益于与我在哥伦比亚大学的学生们、普拉特及范阿斯代尔劳工研究中心的讨论，我感谢他们与我一道探讨了这些想法。

非常感谢来自［纽约州立大学］帝国州立学院基金会克尔贝尔基金的支持。同时感谢莱恩·蒙尼克允许我使用他为《拔萝卜的故事》绘制的画作，以及迈克尔·里夫提供的杰瑞米·边沁的相片。

最后但并非最不重要的是，我女儿莉莉喜欢各类签名售书活动，她对我的著作已经等待太久了，谢谢她这么耐心的等待。

译 后 记

从书的副书名《普通人的经济学》就可看出,这是一本从普通人的利益出发,为世界上每一个普通人而写的著作。

一方面,本书除了前面少数必要的理论性知识,其他地方都浅显易懂,全无其他经济学著作的晦涩难懂;它还深入浅出地梳理了经济学的发展脉络,叙述了古典经济学家如亚当·斯密和大卫·李嘉图等经济学鼻祖和先驱提出的经济学理论,这些理论曾指导人们掌握经济规律,发展生产力,为人类获得更美好的生活作出了巨大贡献;然后指出了以维弗雷多·帕累托和约翰·贝茨·克拉克等为代表的新古典主义经济学家在何时和如何背离了原来的经济学传统,他们从统治阶级的利益出发,通过别有用心地把经济学大厦的基石——效率定义(早期版本的定义是很关注收入分配的)——蓄意加以改变,使那个早期定义失去权威性,从而釜底抽薪地将古典经济学理论指明的方向一举扭转,把经济学变成了为统治者服务的"伪科学",从而导致世上出现小部分人"朱门酒肉臭",大部分人"路有冻死骨"的贫富悬殊局面。

于是,现代人只能学到,根据当今经济学教科书的教义——对经济有利的就是对有钱有势者有利的,这就绑架和劫持了我们每一

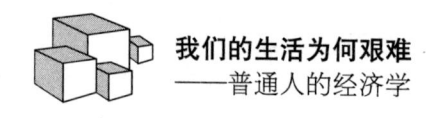

个人，在我们（如果不是每一个人的话）的脑海里建立起两个神话：经济效率和经济平等可以割裂开来，任何一项把资源从富人那里转移给穷人的政策都是"无效率的"；一个人所赚到的，仅仅是此人所生产出来的产出的价值。

第一个神话显示了资本主义"吃人的"本质，相比之下，本书从反面印证了社会主义的巨大优越性；第二个神话则完全违背了现代化"团队式生产"产出价值的不可分割性。新古典经济学家和教授们为了达到目的，全然无视现实中随处可见的团队生产，别有用心地杜撰出一个个所谓的某行业（如沥青生产）的"故事"，来证明在团队生产中，每个人所生产的产出的价值是可分割和可度量的，并把这些理论一代代传授给他们的学生。

为了揭穿当代经济学的所谓"神话"，作者做了大量的历史文献和实证性的研究，通过举例的方式，比如租金控制型房租、财富的分配等，让每一个普通老百姓都明白现代经济学的本质，知道应该如何对经济学"动手术"，使之回归"为人民服务"的本来面目。这就是为什么作者大声疾呼"经济就是我们，而我们做的不是很好。我们需要把经济学从一种正被用于对付我们的武器，变为一门将向我们展示我们能够做得更好的科学"。

本书堪称深入浅出地讲述深奥的经济学理论的典范，值得每一名普通人阅读，而且也应该阅读，否则我们仍将"被蒙蔽了双眼，只好被人牵着鼻子走"，对于"所存在的古老真理"视而不见。是时候重新捡起被遗弃的真理了。

译后记

本书得以翻译完成，离不开诸多人士的大力帮助。譬如，在专业方面，以下诸位不厌其烦地给予了答疑解惑：姜玉芝、史小宝、秦玉环、崔红雁、罗志军、冯玉成等；在文字核对等方面，需要感谢周连红、祝广平、刘勃、邱森林、赵炳雄、董丽等；在查找资料及文字输入等方面，需要感谢刘正权、刘波、吴俊杰、郭武军、戴儒光等人；在选词造句方面，需要感谢的有朱对林、丁智慧、徐宏云、张虹、潘祖文等。此外，还有其他许多人士给予了极大的帮助，谨在此一并致以衷心的感谢！当然，本书得以付梓，离不开华夏出版社的编辑和领导的支持和帮助。

陈小白

2012年10月